suncolor

suncolor
三采文化

設限，才有好關係

不築牆也不揮霍善良，
斷絕累到厭世的偽關係

內達拉·格洛弗·塔瓦布 Nedra Glover Tawwab 著　陳佳伶 譯

Set Boundaries Find Peace

A Guide to Reclaiming Yourself

界限健康度自我評估

你的界限設定是健康的嗎？

一、「當我想說不的時候，我卻對對方說好。」

Ⓐ 是的，我經常這樣做。

Ⓑ 我說不，並且告訴別人我為什麼說不，這樣他們就不會再問我了。

Ⓒ 我通常都說不，不道歉也不說謊。

二、「我覺得我經常要拯救我身邊的人，並解決他們的問題。」

Ⓐ 不，我不干涉別人的問題。

Ⓑ 是的，經常。

Ⓒ 不，我知道自己的極限，並在力所能及的情況下提供我所能提供的。

三、「我經常發現自己被捲入無意義的吵架或爭論中。」

Ⓐ是的。

Ⓑ不，我沒有這種經驗。

Ⓒ沒有，我盡量與人保持距離。

四、「我出於憐憫、愧疚感、義務，或受威脅而借錢給朋友或家人。」

Ⓐ是的。

Ⓑ不，我借別人錢的時候，有明確預期對方什麼時候會還錢。

Ⓒ不，我不相信別人而且／或是我想守住自己賺的每一分錢。

五、「我經常把工作或工作壓力帶回家。」

Ⓐ是的。

Ⓑ不，我從來不把工作帶回家，也不願意彈性處理。當我下班時，我就走了，什麼事都不管。

Ⓒ不，我關閉工作通知，不接電話、訊息或電子郵件。一旦回到家，我會盡量和我的朋友、家人在一起，或是享受獨處時光。在某些情

況下，我可能會稍微有彈性一點（在緊急情況或在大型專案期間），但我會確保自己不要陷入工作太久。

六、「我覺得我在社群媒體上花了太多時間。」

Ⓐ 是的。

Ⓑ 不，我喜歡偶爾瀏覽社群媒體，但不會迷失其中。

Ⓒ 我在特定的日子和時間會因為工作而登入社群媒體帳號，之後就會登出手機上的應用程式。

七、「當我對某人說『不』的時候，我會感到內疚。」

Ⓐ 是的。

Ⓑ 不是。

Ⓒ 不，我不在乎別人怎麼想。有人向我提出要求時，我會感到很煩／很生氣／很沮喪。

八、「我被捲入一些我不想參加的活動或義務中。」

A 是的。

B 沒有。

C 沒有，大家都知道不要叫我做事情。

九、「我不相信別人。」

A 沒錯。

B 並非對所有的人都是。

C 不是，我相信每一個人，那有時會帶給我麻煩。

十、「我過早分享太多個人的資訊。」

A 是的。

B 不是。

C 我不信任別人，不願意分享個人的資訊。

十一、「我能夠接受別人的拒絕，而且不覺得是針對我。」

Ⓐ 是的。

Ⓑ 不，我往往認為這是在針對我。

Ⓒ 我通常不會請別人幫忙，我不認為他們會把事情做好，或是我無法信任他們。

十二、「當我受到不好的對待時，我不會說出來。」

Ⓐ 沒錯。

Ⓑ 不，我會跟對方絕交、罵人，或者說對方的閒話。

Ⓒ 不，我能夠告訴別人我的感受。

十三、「我會因為把時間花在自己身上而感到內疚。」

Ⓐ 不，我知道我需要照顧好自己，才能照顧好別人。「空杯子倒不出東西」。

Ⓑ 是的。

Ⓒ 不，我優先考慮自己的需求，而不是其他人的需求。

十四、「我為不是我做錯的事情道歉。」

Ⓐ 不，事情通常不是我的錯。

Ⓑ 是的。

Ⓒ 不，當我做了我應該負責的事情，並知道自己傷害了別人時，我會道歉。

十五、「我覺得自己很散漫，壓力很大，因為我有一百萬件事情要做，而且時間不夠用。」

Ⓐ 是的。

Ⓑ 說實話，我的事情不多，生活很平靜，因為我沒有太多的朋友或承諾。

Ⓒ 不，我學會了說「不」、外包、委託，或請人幫忙，以避免感覺混亂或壓力太大。

十六、「當我有重要的事情要分享時，我不會說出來。」

Ⓐ 是的。

❸ 不，我知道我的想法和意見跟其他人同樣重要。

❹ 不，事實上，我發現自己在工作時會讓別人住口，或者不給他們說話的機會。

解答

看看哪種類型的界限，你表現得最為明顯。

一、Ⓐ 鬆散的 Ⓑ 僵硬的 Ⓒ 健康的。

二、Ⓐ 僵硬的 Ⓑ 鬆散的 Ⓒ 健康的。

三、Ⓐ 鬆散的 Ⓑ 健康的 Ⓒ 僵硬的。

四、Ⓐ 鬆散的 Ⓑ 健康的 Ⓒ 僵硬的。

五、Ⓐ 鬆散的 Ⓑ 僵硬的 Ⓒ 健康的。

六、Ⓐ 鬆散的 Ⓑ 健康的 Ⓒ 僵硬的。

七、Ⓐ 鬆散的 Ⓑ 健康的 Ⓒ 僵硬的。

八、Ⓐ鬆散的 Ⓑ健康的 Ⓒ僵硬的。

九、Ⓐ僵硬的 Ⓑ健康的 Ⓒ鬆散的。

十、Ⓐ鬆散的 Ⓑ健康的 Ⓒ僵硬的。

十一、Ⓐ健康的 Ⓑ鬆散的 Ⓒ僵硬的。

十二、Ⓐ鬆散的 Ⓑ僵硬的 Ⓒ健康的。

十三、Ⓐ健康的 Ⓑ鬆散的 Ⓒ僵硬的。

十四、Ⓐ僵硬的 Ⓑ鬆散的 Ⓒ健康的。

十五、Ⓐ鬆散的 Ⓑ僵硬的 Ⓒ健康的。

十六、Ⓐ鬆散的 Ⓑ健康的 Ⓒ僵硬的。

*本測驗由 Nedra Tawwad 與 Kym Ventola 製作。

目錄

Part 1
界限的重要性

Part 2
設定界限要這樣做

推薦序

設限是需要練習的

鄧善庭（諮商心理師）

界限這件事，不只針對專業人員，一般人在面臨各種人際狀況、情緒衝突時，都需要有足夠健康且堅定的界限，才有辦法維持個人的選擇與空間。然而，遺憾的是，華人社會對於個人的界限一直相當不明確，界限不足的父母會隨意進出孩子的房間、翻閱他們的日記，並打著「我是為你好」的名義，強加許多期待在孩子身上。如果我們只是依照父母的話在生活、選擇科系、就業，那這到底是活父母的人生，還是自己的人生？

長大後，我們帶著與他人界限不清的習慣，開展友誼、進入一段關係，開始發現自己有以下症狀，這些正是你界限模糊的線索：

- 難以拒絕別人的要求，儘管自己並不情願。
- 把別人的事當自己的事，像個老媽一樣給建議、下指導。

- 你認為兩個人既然很要好就應該一起行動、有一樣的喜好與感受。
- 很容易被他人的情緒感染，並想盡辦法讓對方感覺「好一點」。
- 擔心別人不開心，因此不敢表露自己真實的意見或想法。

近期我收到不少談論界限的新書，很高興看到這樣的概念愈來愈普及，畢竟我們的生活圍繞著人際關係（此為廣義的概念，包含：家庭、友誼及親密關係），而界限指的就是「我們與他人之間的距離」，這個距離主要是形容心理上、而非物理上的實際距離。你可以把界限想成是一個圓，而你正在站在圓圈內，我們每個人的腳邊都有著自己的圓，隨著每個人不同的界限，可以看到有些人的圓很大、有些則很小，這代表著需要的私人空間不同；有些人的圓很清楚、有些人的則模糊不清，好像很容易跟別人融合在一起。

我對界限的深刻認識，大概是從就讀諮商研究所三年級的全職實習開始。當時的我剛開始全身心投入接案，一天八小時、一週四天都在醫院裡處理個案，或者待在急性病房中與病患們抬槓。當時讓我印象最深刻、投入最多的，是一個青少年個案，他因為家庭環境不穩定、情緒強烈起伏，反覆出入醫院急性病房，而這也是我首次見識到八點檔、灑狗血劇情在真實世界上演。

但不只是他，選擇性緘默的孩子、憂鬱症或躁鬱症的孩子、家庭衝突劇烈的孩子……，每一位都須耗費不少心力。身為新手實習心理師，我發覺自己在面對這些個案時是多麼想幫助他們、卻又多麼無力，每次接案結束都覺得身心俱疲。那些在治療室中感受到、無法協助個案放下的衝突、痛苦、哀傷與憂鬱，不知不覺成為了「我」的情緒，就算時間結束、關上房門，這些負面情緒仍像孤魂野鬼一樣跟著我，甚至影響我私人的人際關係。因為被太多情緒壓得喘不過氣，覺得自己難以再接受更多人際相處、情緒反饋，除了家人與另一半，我幾乎不讀不回其他好友的訊息，就像人間蒸發一樣。除此之外，在治療室內承受的矛盾、衝突與痛苦，與我自己的情緒交融在一起、難以區分，本來沒這麼生氣，也因為這些交融的情緒而增加我和另一半的爭執。

直到從業幾年後，我才慢慢學習區分自己與個案的情緒，學會把他人的情緒留在治療室內、留在別人身上，不再輕易地為他人的情緒負責。自此，我才開始覺得輕鬆。學會設立界限的好處很多，從開始練習以來，我更注重自己內在的聲音，學會傾聽自己是否負荷得了；更關注自己的需求，不再以他人的需求為第一要務；更尊重自己的價值與判斷，知道何時該說「不」。這讓我與他人、與個案都能維持著更健康且更尊重彼此關係的狀態。如果你的困境與「人」有關，我相信或多或少是界限的問題，因此，邀請你跟隨本書的腳步，一同覺察界限、練習界限，創造更自在的人我關係。

前言

健康的界限，是生活的一部分

在我有健康的界限之前，生活是壓抑和混亂的。我也曾在依賴性、生活與工作的平衡，以及不滿意的關係中掙扎。然而，為我自己和他人設定期望，帶給我內心的平靜。創造一個擁有健康關係的人生是項持續的行動，隨著時間的推移及練習，會變得更加輕鬆。

當我放棄設定周圍界限的那一刻起，我的老問題重新浮出水面。正因如此，我把健康的界限設定為我生活的一部分，始終如一地練習自信和自律，以創造自己想要的生活。

過去，我帶著很多怨氣，希望別人能猜到我的心情和願望。透過嘗試和犯錯，我了解到，人們不會去猜我的需求，他們每天都在為自己忙碌，而我則默默承受痛苦。

曾經覺得難以啟齒的事情，比如：「我不能幫你搬家。」我現在可以更堅決地說出口了。以前我很害怕讓別人生氣，也不知道該如何恰當地表達。我擔心為自己挺身而出會得罪人，但同時，我個人要付出的代價卻高很多。

第一次了解到界限的概念時，我不知道如何將它應用到我的生活中，它聽起來如此廣泛且令人生畏。本書將從許多方面分析如何擁有健康的界限，並且為如何尊重別人設定的界限提供建議。

我花了好幾年才不再為設定界限感到內疚。當你在做一件自認為是不好的事情時，內疚是正常的。本書將教你管理使你無法擁有理想生活的不適感（內疚感），希望能帶給你信心和勇氣，在你的生活中創造健康的界限。

本書簡介

界限能使你自由

我從事心理治療已經十幾年了。人們來尋求治療時，通常不知道自己有界限問題，以為他們面臨的困境都來自於自我照顧、人際衝突及時間管理的問題，或是社群媒體影響了他們的情緒狀態。

當他們講完了他們的怨恨、不快樂、感覺不堪負荷和共依存（codependency）的故事之後，我就會溫和地對他們說：「你有界限的問題。」就這樣，我們開始揭露侵犯界限的情形、與他人溝通自己的界限、學習處理與他人設定界限的後果。沒錯，在你處理主張自我而導致的不舒服和內疚感時，確實會有後遺症。

我在社群媒體 Instagram 發表了許多關於界限問題的貼文，其中一篇「你需要設定界限的跡象」在網路瘋傳。

你需要設定界限的跡象

- 你感覺快被壓垮了。
- 你對來向你求助的人感到厭煩。
- 你避免與可能會對你提出要求的人通電話或是互動。
- 你對幫助別人卻沒得到任何回報有怨言。
- 你感到疲憊不堪。
- 你時常想要丟下一切，逃得遠遠的。
- 你沒有留時間給自己。

我看到網路上對這些貼文的熱烈反應，因而明白人們對界限的需求有多大。我的貼文底下充滿著「界限問題，請幫忙！」這樣的留言。每個星期，我都會在Instagram上主持問答，而有八成五的問題都是關於界限。

我收到的問題包括：

「我的朋友每個週末都會喝醉，和他們一起玩的時候我覺得很困擾。我該怎麼做？」

「我無法拒絕弟弟的要求，他不斷地跟我借錢。」

「我的父母希望我回家過節，但我想去我男友家。我該怎麼告訴他們呢？」

人們提出的問題接踵而至，我實在無法全部回答。我發現，關於界限的問題根本是一個無底洞！想幫助更多人處理這個問題，唯一的辦法，就是把我學到的策略寫成一本書。

這些不僅僅來自於我的線上資訊和諮商工作——我這輩子幾乎都在面對自己的界限問題，我每天都在努力，所以很清楚建立健康的界限有多麼重要。

我經常在我的 Instagram 貼文中提出問卷調查。進行民意調查是我向社群學習的一種有趣方式。有時候我也會被結果嚇到。比如有一次我問：「你對父親的期望與你對母親的期望是否不同？」超過六成的人都說不是。我很震驚，因為媽媽們（我也是其中之一）都認為對母親的期望比較高。但 Instagram 上的人們似乎認為，父母雙方同樣重要。在本書中，你可以看到許多我在 Instagram 上的調查和結果。

和多數人一樣，在家庭關係中設定界限，對我來說是最具挑戰性的。家庭系統有不言而喻的來往規則。如果你想要感到內疚，就對你的家人設限看看。

去年，我收到一個親戚的簡訊，叫我幫忙處理某個人的問題。當我回覆他「這不是我的工作，也不是你的工作」時，我知道自己長大了。經過多年努力「修復」同一個人，我不幹了。救人不是我的工作，把人修好也不是我的工作。我可以幫助別人，但我不能修復他們。在那一刻，我為自己的界限感到驕傲，也為自己終於懂得尊重界限的成長歷程感到自豪。透過嘗試和犯錯，我了解到，「如果你不喜歡某件事，就去設法解決。」我曾以為我必須來者不拒幫助別人，哪怕傷害到自己，也不想讓別人失望。這反映了人們避免設定界限的首要原因：害怕別人對自己發火。

恐懼並沒有事實根據。恐懼根源於消極的想法和我們腦海中的故事腳本。多年來，我了解到，當人們需要我的幫助時，他們必須指認問題並請求協助，而我也必須能夠並且願意幫助他們。我花了好幾年才意識到，透過「修復」他人，我並沒有幫助到他們，反而妨礙了他們需要為自己做的事情。

> 恐懼並沒有事實根據。

在這本書中，你會看到更多關於我設定界限的失敗和成功經驗。設限並不容易，尤其是對我們所愛的人。冒著讓別人生氣的風險似乎比一次不舒服的談話要糟糕得多。但是，你知道嗎，如果我們早一點說些什麼的話，就可以挽救那些關係了！

有時這些事情很重要：「如果你要喝酒，我就不會跟你在一起。」

有時候是些小事：「進我家時請先脫鞋。」但這些事都很重要。人們不知道你想要什麼，你的責任就是把它說清楚。清楚明白可以挽救關係。

本書提出了一個清晰的公式，讓你知道你何時有界限的問題、溝通界限的需要，並且付諸行動。

這個過程並不總是美好的。溝通你想要和需要的東西，一開始很困難，而處理之後的事情也會讓人感到不舒服。但你做得愈多，就愈容易——尤其當你體驗到隨之而來的內心平靜後。

> 把界限講清楚，可以挽救關係。

為什麼你的界限從不被尊重？

- 你不把自己當一回事。
- 你不追究別人的責任。
- 你為設定界限而道歉。
- 你容許太多的彈性。
- 你表達得不夠堅定。
- 你沒有口頭表達你的界限（它們都只在你的腦子裡）。

- 你以為只要表明一次你的界限就夠了。
- 你以為人們會根據你在他們侵犯界限時做出的反應，就明白你想要什麼和需要什麼。

十三年來，我很榮幸能幫助人們梳理他們的關係，並找到勇氣去創造健康的關係。在這本書中，你會讀到一些故事，幫助你更深入了解界限問題在現實生活中是如何出現的。這些故事是我與我的個案們互動經驗的虛構版。

所有姓名、關於事實的資訊和細節都已變更，以保護隱私。我希望你在這些別人的故事中找到自己，並且學會如何改變你的關係。

有時我們知道自己需要設定界限，卻不知道如何或從哪裡開始。本書是一本指南，引導你了解界限的意義，以及當你在人際關係中保持自己的價值觀，設定界限和期望，能帶給你什麼樣的益處。由於我們通常不知道如何準確地表達需求，我整理了關於措辭的建議，歡迎你使用我的詞語或是練習用你自己的句子。每章的最後，也都提供了反省的問題或練習，幫助你對該章內容有更深刻的理解。

Part 1

界限的重要性

界限到底是什麼東西？

界限是建立健康關係的入口。

「我快崩潰了！」金玫邊說邊把頭埋在雙手裡。她從蜜月回來兩週後就開始找我諮詢。新婚燕爾，又在事業上表現出色，金玫因為自己每件事都能做到最好而感到自豪，但也為了想**把所有事都做好**而憂慮，這令她身心俱疲。她萎靡不振，每天早上都在抗拒起床這件事。她不僅決心做最好的自己，還總是在別人面前展現「最好」的一面：最好的朋友、最好的女兒、最好的姊妹、最好的同事；現在，她想成為最好的妻子；有一天，還要成為最好的母親。對金玫來說，成為最好的人意味著永遠要說「好」，說「不」是不好的，說「不」是自私的。她來找我是想知道，如何做更多的事而不至於感到精疲力盡。

在我的沙發上，金玫列出她答應在未來一週為別人做的事情。她堅持她的朋友**需要**她的幫忙才能搬家；同事如果沒有她的協助，就無法進行**他的專案**。金玫急切地尋求解決方案，試圖創造更多時間去做她已經答應別人的所有事情。

當她滔滔不絕地說出她想弄清楚的一切時，我請她暫停。我溫和地指出，要創造更多的時間是不可能的。她顯得有些錯愕。「別擔心，」我說，「我可以幫助妳減輕重擔。」

從她的表情來看，她似乎從來沒有過這種想法。我並不驚訝，我遇過很多人，尤其是女性，總是不斷地付出，付出很多，卻感到疲憊，甚至沮喪。這就是為什麼我們生活在一種倦怠的文化中。

首先，我鼓勵金玫把她那個星期需要在公司和家裡做的事情列出來；她已經把自己的一週完全規劃好了（當然，她就是這樣）。擬定完成每項任務的時間表後，她很快就發現，她根本沒有足夠時間去做她計畫中的所有事情。

我問她：「妳**真的**必須做的是什麼？可以交辦的事是什麼？妳是否覺得妳的朋友也許可以找別人幫忙搬家？」她想了想，說可以，但仍堅持**想**幫忙。在那一刻我看出來，金玫在她幫助別人的量和頻率的界限設定上有問題，這也是導致她焦慮的原因。

她是好意，對吧？她只是想要幫助別人！但是，她樂於助人的程度是無法持續的，她必須**少做一些**。當我提到交辦時，金玫立刻否定了這個想法，她只知道一種幫助別人的方法，就是自己答應了就去做。

金玫拒絕說「不」，使她來到我的辦公室，這是她的擔憂、壓力和嚴重焦慮的根源。根據研究，焦慮症的情況不斷增加，複雜的人際關係是導致焦慮症發病率上升的主要原因之一，而焦慮症和憂鬱症則是人們追求治療最常見的兩大原因。就像金玫一樣，當焦慮症開始影響到日常生活時，人們就需要治療。

我和金玫一起解開了她必須為每個人存在的需求。我幫助她看見說「不」能為她帶來她正在尋找的時間；說「不」可以讓她自由地適應身為妻子的角色；說「不」可以減少她的憂慮，讓她從容地迎接每一天。

我對「界限」的定義

界限是一種期望和需求，能夠幫助你在關係中感到安全和舒適。人際關係中的期望能幫助你在心理上和情緒上保持良好狀態。學會什麼時候說「不」、什麼時候說「是」，也是與他人交往時讓自己感到舒適的重要因素。

這些跡象顯示你需要更健康的界限

金玫的工作能力受到影響，因為她不斷地重播自己的想法、計畫，擔心沒有足夠的時間，而且害怕採取行動。總之，她壓力很大。

焦慮等心理健康問題，可能導因於我們對壓力的神經反應。當我們感到壓力時，大腦無法休息，睡眠因而受影響，恐懼感也會入侵。作為一名治療師，我觀察到自我照顧能力差、無力感、怨恨、逃避和其他心理健康問題，是界限問題常見的情況。

忽略自我照顧

我們都聽過飛航安全的比喻：「先戴上氧氣罩，再去幫助別人。」簡單吧？並不。當我們陷入幫助他人的欲望時，首先會發生的就是**忽略自我照顧**。

不知道有多少人出現在我的辦公室裡，哀嘆「我沒有時間為自己做任何事情」。經過快速的評估，會發現這些人沒有為自己保留任何時間，事實上，他們通常好像已經忘記如何照顧好自己。

他們沒空吃一頓健康的飯菜，也找不出五分鐘的時間靜心，但是他們每週都會花幾個小時在孩子的學校做志工服務。這類型的不平衡是界限問題的立即訊號。

自我照顧不只是去泡溫泉，也並不自私。對人說出無法幫忙就是一種自我照顧的行為，關注你自身的需求是自我照顧，就像戴上氧氣罩一樣，如果你自己先使用氧氣罩，你就會有更多精力去幫助別人。

仔細想想，自我照顧的根本就是設定界限：對某件事情說不，好讓自己能對自己的情緒、身體和心理健康說「是」。

自我照顧的基礎就是設定界限。

不堪負荷

金玫尋求治療是因為她長期感到不堪負荷。這是有界限問題最常見的現象之一。感覺快被壓垮的人想要做的事情，比他們擁有的時間還多，他們被想在已經排滿的行程表中擠出更多時間的念頭淹沒。

這樣的現象是很普遍的。每個人都在努力做更多事情，時間是其次的考量，但我們付出的代價是幸福。理解界限是一種積極主動的方式，衡量什麼是真正可以掌控的，也能讓你對手上的任務付出百分之百的努力，而不會有**一直感到不堪負荷**的糾結感。

怨恨

感到被人利用、挫折、惱怒、煩躁和苦悶，是我們不設限所導致的**怨恨**。怨恨會影響我們與人的交往，讓我們在人際關係中無法表現最好的自己，滋生衝突，使我們偏執，並且豎起了一堵牆。長期的怨恨會影響我們認知他人意圖的能力。當我們心懷怨恨時，我們所做的事是基於對他人的義務，而不是喜悅地幫助他人。怨恨可能是顯而易見的。

如果我的個案一進來就說：「我要照顧我媽媽，但我卻為此感到憤怒。」我可以馬上察覺到他們的惱怒和不滿。透過探究他們對於提供照護感到壓力的原因，可以挑戰個案的信念。

是的，他們希望母親得到照顧，但他們不一定是唯一該提供這種照顧的人。設定界限——透過向其他家庭成員尋求支持，並且委託他人代勞——將有助於緩解他們的壓力。

逃避

消失、忽視或切斷與別人的聯繫，就是**逃避**。不回應請求、延遲澄清事實或不出現，都是我們逃避情況而非主動處理的方式。但是，逃避問題而讓問題延長，意味著同樣的問題會反覆出現，跟著我們從一段關係進入另一段關係。逃避是一種被動攻擊性的表達方式，說明你厭倦了出面。希望問題會消失感覺是最安全的選項，但這是一種出於恐懼的反應。逃避問題並不能防止衝突，只是延長設定界限這個不能避免的任務罷了。

「我希望能放下一切、遠離問題」的想法，是極端逃避的表現。幻想自己過日子、不接電話或是躲藏，意味著你想把逃避當作最終的答案。但是，建立界限是唯一符合現實人生的解決方案。

學會自信地讓他人明白自己的有限，將幫助你消除這些症狀，並控制憂鬱和焦慮的襲擊。不了解界限，會助長不健康的習慣。

你需要設定界限的跡象

- 你感覺快被壓垮了。
- 你對來向你求助的人感到厭煩。
- 你避免與可能會對你提出要求的人通電話或是互動。
- 你對幫助別人卻沒得到任何回報有怨言。
- 你感到疲憊不堪。
- 你時常想要丟下一切，逃得遠遠的。
- 你沒有留時間給自己。

了解界限

建立健康的界限會讓你感到安全、被愛、平靜和被尊重。界限說明了你允許人們如何為你付出，以及你如何為他人付出，但界限的意義不只如此。

✚界限的意義

- 界限是防止你過度透支的保障。
- 界限是一種自我照顧的方法。
- 界限定義了關係中的角色。
- 界限傳達了在關係中可以接受及不可接受的行為。
- 界限是知道能在關係中期待什麼的準則。
- 界限是能在需要時要求他人現身的一種方式。
- 界限是向他人表達你的需求的一種方式。
- 界限是建立健康關係的一種方式。
- 界限是達成相互理解的一種方式。
- 界限是得到安全感的一種方式。

界限是給別人的一個提示，告訴他們如何對待你。它可以是明白表示的，例如：「我要跟你說一件事，我希望只在我們兩個人之間討論。」或者是暗示性的，比如在前門旁邊擺有一個裝鞋襪的籃子，供客人使用。當你設定自己的限制時，重要的是，也要持續意識到人們試圖向你傳達的界限。

我們的家族史和個性，決定了我們如何設定和接受界限。如果你的家庭是在不能明說的界限上運作，或是經常忽略界限，那麼你在成長過程中很可能會缺乏必要的溝通技巧，無法堅決對自己的需求表態。舉個例子，酗酒者的成年子女可能很難設定界限，因為有成癮問題的父母往往會發出這樣的訊號：孩子的界限並不比父母的成癮來得重要。所以，這些孩子在成長過程中要努力理解和定義限制。如果你的原生家庭可以溝通並且尊重健康的界限，你很可能對任何情況都能更自如地定義界限。

性格決定了我們對於尊重和拒絕界限的舒適度。有焦慮傾向的人在受到挑戰時較容易反應過度。情緒調節是一個常見的問題，因為這些人無法在特定的情況下做出適當的反應。例如，總覺得自己才是對的，為小事爭論不休，或是難以容忍他人的不同，這種表現出強烈不合群跡象的人，較容易對界限產生反彈。個性特質具有開放性（對變化的接受能力）和自覺意識（願意學習和成長）的人，比較能夠尊重界限。

所有年齡層的人都必須有界限。它們在不同的關係中會變化，就像關係中的人會改變一樣。結婚、上大學，或是組成一個家庭等過渡時期，往往會需要新的界限。

事實上，**界限有三個層次**。看看其中有沒有你感覺熟悉的。

鬆散的界限

鬆散的界限，是薄弱或者沒有清楚傳達的界限，會在無意中造成傷害。這種界限會造成自我感覺枯竭、過度透支、憂鬱、焦慮和不健康的關係互動。本章開頭故事中的金玫就是一例，說明了鬆散的界限是如何出現和破壞幸福。

鬆散的界限狀態

- 過度分享。
- 共依存。
- 糾纏（你和另一人之間缺乏情緒上的距離）。
- 無法表達拒絕。
- 試圖討好人。
- 依賴他人的回饋。

- 極度害怕被拒絕。
- 接受不合理的對待。

鬆散的界限設定案例

- 對自己不想做的事情說「好」。
- 覺得自己有義務，或是在手頭不寬裕的時候借錢給別人。

僵硬的界限

在另一個極端，僵硬的界限就是築起牆壁，將他人拒於門外，以此來維護自己的安全。但是，藉由把自己鎖起來以保持安全，是很不健康的，也會導致其他問題。鬆散的界限會導致不健康的親密（糾纏），而僵硬的界限則是一種自我保護機制，一定會製造距離，通常源自對展現脆弱的恐懼，或是過去曾經被人利用而吃虧。有僵硬界限的人不允許他們嚴格的規則出現例外，即使那樣對他們來說是健康的。如果一個有僵硬界限的人說：「我從來不借錢給別人。」他們絕對不會有絲毫偏離，即使是平時不會向別人借錢的朋友遇到危機，他們也會堅持設限。

✚僵硬的界限狀態

- 從不分享。
- 築牆。
- 避免展現脆弱。
- 與他人保持疏離。
- 對他人有很高的期待。
- 執行嚴格的原則。

✚僵硬的界限設定案例

- 嚴厲地說「不」，以阻止別人日後再對你提出請求。
- 秉持著絕不幫姊妹照顧小孩的原則。

健康的界限

當你的過去不會出現在你目前的互動中時，就可能擁有健康的界限，這需要對你的情感、心理和身體能力的認識，加上清楚的溝通。

健康的界限狀態

- 了解自己的價值觀。
- 聆聽自己的意見。
- 適當地與他人分享。
- 對值得信任的人展現適度的脆弱。
- 能自在地說「不」。
- 能接受別人說「不」，並且知道不是針對自己。

健康的界限設定案例

- 說「不」而不用道歉，因為這是你當時最健康的選擇。
- 在不對自己的財務造成傷害的情況下，適當地為人們提供經濟支援。

設定界限的兩個部分

的確，設定界限並不容易。對於別人可能如何回應的高度恐懼，很容易讓我們退縮。你可能會在腦中演出那場尷尬的互動，並且自己準備好面對最壞的結果。但是請相信我：為了擁有長期健康的關係，每一次短期的不適都是值得的！

每當你確定一個你想設定的界限時，請記住這個過程有兩個步驟：溝通和行動。

溝通

將你的需求用嘴巴說出來，是第一步。人們無法根據你的肢體語言或未言明的期待準確地認定你的界限。當你明確地說出你的期望時，別人就沒有曲解的空間。確切的言語是最有效的。

口頭溝通你的界限時，要這麼說：

- 「當我們意見分歧的時候，我希望你能用和緩一點的語氣說話，如果你覺得自己在爭論中情緒過於激烈，就休息一下。另外，當我覺得你的語氣讓我不舒服的時候，我會說出來。」
- 「你要尊重我們訂定的計畫，這對我來說很重要。如果你需要改變我們的計畫，請在幾個小時之前發個訊息給我。」

行動

設定界限的過程，並沒有結束在溝通這一步。你必須透過行為來維護你所溝通的內容。不要只想著碰碰運氣，看對方是否能讀懂你的心思——這是不健康的。

採取行動是必要的。例如，假設你告訴你的朋友：「對我來說，尊重我們已經訂好的計畫是很重要的。如果你需要改變我們的計畫，請在幾個小時前發個訊息給我。」因為你已經口頭傳達了你的界限，當它被侵犯的時候，你需要用行動再強化它。

在這種情況下，你應該讓你的朋友知道你不能接受改變計畫，因為他們沒有提前通知你。你可以溫柔地說：「我很想和你一起出去，但是我的行程沒辦法變更。我們改約下週再聚吧。」這很難，我知道。但是透過行動來尊重你的界限，是讓大多數人理解你態度認真的唯一方式，這將有助於使你生活中的人認真看待你的界限。

界限是為了你和對方而設定的

在我的工作坊中，學員經常會分享他們如何在溝通界限時失敗。許多人認為，一旦設定了界限，其他人就會照做，因此，設定界限的人在表達界限後就沒有行動了，然而缺乏行動會招致關係中的界限繼續被侵犯，你必須付出努力，以確保你的界限能被尊重。貫徹執行是你的責任。

要完成這個行動，最怕的就是別人的反應。以下是可能出現的情況。

當你分享你的界限時，人們常見的回應方式

考量人們可能會如何反應，是很重要的，但不要太執著於他們可能出現的回應。對界限常見的回應：

1. 抗拒。
2. 測試限度。
3. 忽視。
4. 合理化和質疑。
5. 防衛。
6. 人間蒸發。
7. 冷處理。
8. 接受。

✚抗拒

在一段關係中，人們往往會抗拒變化。一開始可能讓人覺得困惑，然而，如果對方尊重你，他們就會尊重這些改變。我們都在成長和進步，我們的關係也必須如此。

抗拒可能在任何時候出現：在你設定界限後馬上發生，或是在一段時間之後——當這個人決定不再尊重這道界限時。

抗拒是一種恐懼的表現，害怕事情會變得不同，害怕被推出舒適區。就算「不同」並不意味著不好，但是有些人很難在關係中接受新的規定。

例如，在金玫告訴朋友她不能幫她搬家之後，金玫的朋友回應：「好吧。」看起來她的朋友應該明白了，但是第二天，這位朋友卻又對她說：「妳確定不能幫我搬家？一直都是妳在幫忙我的。」

抗拒聽起來像是

- 「喔，我不知道我能不能那麼做。」
- 「這不公平。」
- 「我也有我的需求，但是我不會**強迫**你改變。」

如何對付抗拒

承認你聽到對方的考量，重述你一開始設定的界限。舉個例子：

「謝謝你讓我知道。不過，我還是要繼續這樣要求。」

「我了解你不喜歡我的界限，但是我需要在我們的關係中感覺安全，設下限制有助於增進安全感。」

測試限度

孩童經常這樣做（這是他們在成長過程中形成獨立性的一部分），但成年人一樣會這樣做。他們聽到你說的了，卻想看看你願意退讓多少。比方說，金玫告訴朋友：「我不能幫妳搬家。」這位朋友就說：「那麼，下週呢？」她的朋友是想看看金玫是否能有彈性。如果金玫說：「好吧，下週吧。」她就是在向她的朋友發出一個明確的訊息，那就是，這個界限是活動、有彈性的。

測試限度聽起來像是

- 「我不用聽你的。」
- 「我再跟你討論一下，看你能不能幫忙。」

如何對付測試限度

要明白你看到的行為，把它指出來：「你在測試我的極限。」表達測試你的限度帶給你的感覺：「當你不尊重我的界限時，我覺得＿＿＿＿。」然後再次重述界限。解釋你的界限會給人空間反對你的需求。當我們試著讓別人感到舒服一點時，我們可能會被說服不去設置健康的界限。盡力說出你的界限，不要提供解釋，這樣你就不會被人牽著鼻子走。

✚忽視

忽視界限、假裝沒聽見是一種被動攻擊的方式。然而，界限應該被尊重。當人們忽視我們的要求時，怨恨就會產生。隨著時間的前進，將會侵蝕關係中的尊重。

金玫說：「我不會幫妳搬家的。」兩天後，金玫的朋友說：「這個週末妳什麼時候能來幫我搬家？」在這裡，金玫有幾個選項：重申自己的界限，順勢幫助朋友，或者不去幫忙搬家。金玫可以堅定地聲明：「我兩天前就說過，我不能幫妳搬家了。」如果她害怕得不敢再講出她的界限，很可能最後她會去幫朋友搬家，而她的朋友下一次也很可能會無視金玫想設定的界限。

忽視界限看起來像是

- 不顧你的界限，為所欲為。
- 表現得好像你的界限被誤解了似的。

如何對付忽視界限

重申你的界限。要求對方複述你所說的話，強調持續改變的重要性。「未來，我也會需要這個界限。」當你注意到對方忽視你的界限，請立即對這個問題做出反應，如果你不反應，界限就會消失。

✚合理化和質疑

由於你過去能接受你現在認為不恰當的行為，因此人們的反應會是質疑，並將自己的行為合理化。

在這個情境中，金玫的朋友是這樣反應的：「妳為什麼不能幫我搬家呢？我就會願意幫妳搬家。」這樣的問題很難回答，你會想開始提出理由或是道歉。然而，對設定界限感到抱歉，是毫無益處的。記住，人們會因為你沒有設限而得到好處。你必須為自己想，而且不需要藉口。當你不再願意做以前你做的事情時，人們會質疑你的轉變。沒關係，讓他們知道你改變了心意，或是說明你不再適合做這件事。

合理化和質疑聽起來像是

- 「你為什麼要我改變？」

- 「現在用不同的方式做事有什麼意義？」

如何對付合理化和質疑

不要多做解釋。保持簡短的回應，例如：「這對我才是健康的。」說太多會讓你陷入反反覆覆的談判中。

防衛

當人們感受到攻擊時，就會發生這種情況，明確的措辭有助於將防禦性降到最低。然而，無論你如何陳述你的期待和願望，有些人還是會出現防禦性的回應。人們會把問題轉到你身上，因為他們不想承擔錯誤。

在這個情況下，金玫的朋友回答：「我又不是一直在搬家，如果妳不想幫我的話，那也沒關係。」防禦性的人在你說話時並沒有聆聽，而是把你說的話看成針對個人，並設計一個回應。他們的回應跟他們自己有關，與你無關。他們只專注於滿足自己的需求，並抗拒在你們互動上的任何變化。但是，健康的關係不是單方面的，雙方的需求同樣重要。

防衛看起來像是

- 透過對你提出要求，扭轉你的要求。
- 解釋他們為什麼這樣做。
- 指責你攻擊他們。
- 提出你過去做的事情，作為你的要求的參考點。

如何對防衛性的人說話

- 談關於你自己的事，而不是他們。使用「我」的句子。
- 一次只談一個問題。
- 在說出你的界限時，不要跟對方談論過去的問題。
- 用感受說話，例如：「當你＿＿＿＿，我覺得＿＿＿＿。」
- 當下或不久後就要說些什麼，不要讓問題擱置好幾天、幾週或幾個月。
- 了解你的聽眾。如果你不能當面交談，可以用簡訊或電子郵件表達你的想法。
- 確實，有些話最好還是當面說，但當你覺得無法面對面地設定界限時，就採用任何必要的方式設定。

✚人間蒸發

不做解釋就結束或消失，通常稱為「人間蒸發」（ghosting），是對界限的一種不健康反應。被動攻擊性的人會使用這個方式。他們沒有說明反對的意見，而是試圖透過行動向你表示他們的感受。人間蒸發會在你表明自己的期望後馬上或是幾天內發生，一般是一種懲罰的方式。

例如，金玫說：「這個週末我不能幫妳了。」當週稍晚時，金玫像平常一樣給朋友發了幾則簡訊，但朋友沒有回應。金玫確定她的朋友收到了這些訊息，因為她看到訊息顯示為已讀。

人間蒸發看起來像是

- 不回電話或訊息。
- 取消計畫。
- 與共同的朋友或聯絡人接觸，但把你排除在外。

如何對付人間蒸發

發一條明確的訊息或電子郵件給對方，提到你注意到的行為。人們很可能會回應，因為他們不想在不高興的時候被看出來。表達你對切斷聯繫的感覺，以及你對這段關係的擔憂。如果幾天後才收到回覆，要清楚重申對方人間蒸發給你的感受。如果你沒有收到回應，記得提醒自己，他們的反應與你無關，而是他們對這個情況的解讀。

冷處理

這種反應雖然沒有人間蒸發那麼極端，但還是很痛苦。這是一種被動式的攻擊，也是對你試圖設定界限的一種懲罰。對方在你表明自己的需求後，會明顯地疏遠你。如果你嘗試與他們交談，他們只會簡短地回應，比如「是」或「不是」。做一個被冷處理的接受方是很孤獨的，也很迷惘。另一個人是存在的，但不是真的在場。

如果金玫的朋友使用冷處理，就會像這樣：因為先前排定的午餐約會，金玫一週後見到那位朋友。她的朋友表現得和平常不一樣，變得很安靜，似乎若有所思。金玫試著讓她的朋友參與談話，但是對方的回答都很簡短。

冷處理看起來像是

- 幾個小時或幾天不說話。
- 對問題採取簡短回答，以被動攻擊式地表達不滿。

如何對付冷處理

把你注意到的情況用口頭表達出來。「你看起來很不高興。我們能談談我對你說的話嗎？」清楚說出你認為的問題是什麼。挑戰對方的行為，也許提供回應，說明你為什麼要設置界限的原因。「我累垮了，沒有辦法在滿滿的盤子裡再增加一樣東西。」

接受

接受是健康回應界限的方式，在這個例子中，金玫的朋友說：「謝謝妳讓我知道。」就這樣，金玫就不用幫朋友搬家了。沒有傷害，沒有犯規。儘管設定界限圍繞著很多恐懼，但是根據我的經驗，大多數人都會大方地接受你的要求。當人們以不健康的方式回應時，通常是一個訊號，表示你很久以前就需要設限了，而且需要重新評估這段關係，以衡量你的需求是否能得到滿足。

很有可能，你已經否認這些問題太久了。也許你的問題在於，總是答應別人的要求，然後對對方的要求感到不滿。又或者，你可能總是允許別人對你說一些讓你不舒服的話。

界限是解決大多數關係問題的良藥。但是雙方都需要參與，並且尊重任何一方的界限。

> 界限是解藥。

不健康關係的跡象

- 你無法表達自己的需求，因為對方拒絕聆聽。
- 對方拒絕滿足合理的要求。
- 有情感、身體或性虐待的情況。
- 你在大部分互動之後感到悲傷、憤怒、疲憊或失望。
- 這段關係是單方面的，你付出，對方接受。
- 這段關係中缺乏信任。
- 對方拒絕改變一些不健康的行為。
- 對方有對你有害的癖好。

隨著時間的前進，我們的需求改變，界限也不停地成長和擴大。

最需要設定界限的領域

一旦你學會辨認界限的問題，溝通你的需求，並採取後續行動，你就可以開始在生活的各方面採用界限。界限在許多不同的情況下都很重要。以下是人們最糾結的幾個領域，我們將在本書的後半部詳細探討每一個層面。

✚家庭

家庭是人們在界限問題上面臨最大挑戰的地方，尤其是親子關係。成年人經常對如何與年邁父母順暢地互動感到困擾；另一方面，父母應該尊重孩子的限制和需求，即使在他們年紀還小時。孩童有權設定一些界限，比如不吃肉，或是在某些人身邊感到不舒服。尊重這些界限的父母為孩子創造空間，讓他們感覺安全和被愛，也加強了孩子表達需求的正向習慣。當父母忽視這些偏好時，孩子就會感到孤獨、被忽視，彷彿他們的需求並不重要——而且他們成年後可能會有設定界限上的困難。

兄弟姊妹在成長過程中也會遇到界限問題。哥哥姊姊可能習慣於一種特殊的行為表現，比如照顧弟弟妹妹。但是，在弟弟妹妹成長到一定年齡後，可能就不再需要這種角色。當配偶、姪孫、公婆和岳父母等姻親加進來時，親子和兄弟姊妹關係的動態會變得更加複雜。我們將在第十章深入探討家庭系統。

✚工作

在我的諮商經驗中，看到太多人的工作時間遠遠超過每週四十小時的工時。他們來找我時疲憊不堪，沮喪又無力。然而，工作過度往往比你想像的更能掌控。超時工作來自於你與你的老闆、團隊和你的時間的界限薄弱。設限可以幫助你保持健康的工作與生活之間的和諧。

當你無法放下公司的工作，無法在休假時斷網或到了特定時間就關機，那麼你就忽略了自己的界限，犧牲了自己的幸福，而這往往也犧牲了家人的幸福。在第十三章，我們將仔細檢視、辨認和解決這些職場問題。

情感

情感關係中的界限問題，通常出現在你「超賣」而又「無法交貨」的時候。通常看起來像在一開始答應某件事，但是隨著時間過去，卻無法趕上進度，最終你的承諾無法兌現。如果你要改變模式，就口頭明確地說明原因，比如：「我不能再在工作日常常發訊息給你，因為我有新的老闆，我想給他一個好印象。」

界限問題也來自於對對方寄予太多沒有明說的期望。當談到愛時，不知為何，我們都希望伴侶能夠讀懂我們的心思，不用問就知道我們想要的一切。但這是一種不可能的期望！

可以的話，從一開始就坦白你的期望和你能力所及的事情，這將為你和伴侶免去很多心痛和爭論。在一段長期的關係中，隨著各自的成長和關係的發展，你們都不得不設定界限。這一點在過渡時期尤其如此，比如開始同居、結婚、生小孩。好消息是，不管是一開始就說清楚，或是經過多年相處後再設定界限，都能將你們兩個人用新的方式互相連結，並且創造開放和自信溝通的空間。我們會在第十一章談到情感關係。

友誼

有毒的友誼，我們都有過。某天你會想：「我為什麼要和這個人做朋友？他們一直——。」（填空：「讓我失望」、「對我要求太多」、「讓我感到內疚」、「開空頭支票」等）。不健康的友誼是由於不健康的界限而產生的。如果你覺得自己付出的比接受的多，這種友誼是有毒的。與朋友的互動經常以爭吵告終，也是有毒的。

朋友是你選擇的家人，這些關係應該為你的生活帶來輕鬆、舒適、支持和樂趣，而不是多餘的戲劇性。在第十二章，我將定義健康與不健康的友誼，並且檢視阻礙你擁有健康友誼的因素，還將探討如何改變或離開有毒的友誼。

✚科技

根據調查，成年人和青少年出現的焦慮和憂鬱程度較高，原因是「錯失恐懼症」（Fear of Missing Out，簡稱ＦＯＭＯ）和使用社群媒體產生的比較遊戲。由於各種ＡＰＰ和社群媒體的不當使用，感情不忠的行為正在增多。科技為人類帶來了新的人際挑戰——而且它不會消失。

科技將繼續快速發展，所以必須設定一些限制，以幫助你在這樣的速度之下保護你的幸福和人際關係。你需要決定如何擴大你的界限，好容納科技進入你的生活。在人際關係和家庭系統中，設定使用科技裝置的限制是至關重要的，尤其對孩子而言。在第十四章，我們將進一步探討科技的界限。

金玫的問題是很難說「不」，但是界限可以幫助我們的，還有很多其他方面。

練習

拿出你的日記本或一張紙，完成以下的練習：

- 想想有人對你說「不」的時候。你的反應是什麼？你能不能用更健康的方式來反應？
- 回想你想說「不」但是沒有說的時候。你能如何表達這道界限？
- 你認為生活中的人會如何回應你的界限？是基於事實，還是你自己的假設？過去有什麼事讓你有這樣的想法？
- 你目前在哪些方面需要設限？列出三個你想設定新界限的地方或關係。

請做本書開頭的「界限健康度自我評估」，以獲得更多的洞見，確認你的界限是鬆散、僵硬還是健康的。

缺乏健康界限的代價

寧可選擇不舒服，也不要怨恨。

——布芮尼・布朗（Brené Brown），《脆弱的力量》作者

艾麗卡認為她必須成為一個勤奮工作的人、一個好朋友、一個全能的搖滾明星媽媽——同時看起來像每晚睡足八小時。她是一名會計，每週工作四十小時，也是兩個女孩（分別是七歲和九歲）的單親媽媽。艾麗卡不工作的時候，會開車帶孩子們到處參加活動。大女兒踢足球，小女兒學舞蹈，兩個孩子都積極參加女童軍，同時也在上家教。

女兒們的父親只提供經濟上的支持，沒有幫忙照顧孩子，但艾麗卡還是下定決心要盡其所能給她們最好的生活。

她對當母親的看法，是來自身邊其他母親，她們似乎都在沒有人協助的情況下完成一切。所以大學畢業後，她什麼也沒想，就搬到離家八百英里外的地方。

但在今年繁忙的稅務季時，她開始受不了了。度日如年的每一天，她愈來愈不堪

負荷。從每天晚上洗碗、收碗，變成盤子全擱在水槽裡；平常每天洗一次衣服，變成髒衣服堆了兩個星期。她開始一邊用手機瀏覽社群媒體一邊發呆，這使她開始慣性遲到。孩子們吃的是速食或冷凍食品，因為艾麗卡不再用心準備均衡的飲食。艾麗卡無意識地**罷工**了。

有一次，她在心裡想著：「管他呢。我怎麼可能同時當一個出色的員工和母親呢？」她無法做到一切，所以她盡可能少做家事，也幾乎不花時間跟朋友在一起。當女孩們試圖跟她談論家裡的變化時，她會否認有問題。然後，有幾天她又回到以前的高功能節奏，打掃、做飯、帶孩子們參加活動，但她無法堅持，最後又會陷入放任不管的狀態。

艾麗卡在朋友的催促下開始接受心理治療，她們看到她已經焦頭爛額。雖然她知道自己花幾個小時看社群媒體，變得更孤僻，但她質疑自己是否真的走到盡頭。畢竟，工作上都還好。但是，她也說，工作給了她支持和肯定，對她的期待也很合理。在家裡，她說她的工作是吃力不討好的，永無止境，而且平凡。在家不像在工作時可以肯定自我，也沒有任何支援系統可以讓她發洩她的挫折。她覺得自己永遠無法成為一個**好**母親，而她之前一直努力著。

艾麗卡必須為她的母親角色建立符合實際的期待，也就是設定健康的界限。

當我開始和艾麗卡協談時，她說起她幻想著逃離、放下一切。這不是說她不愛她的孩子，她當然愛她們，只是這一切讓她感到太疲倦了。她對於不能依靠她們的父親感到沮喪。她不喜歡叫他去接孩子們放學或下課。艾麗卡渴望女兒們能擁有平衡的生活，但令她沮喪的是，她是唯一負責保持生活平衡的人。

在我的辦公室裡，艾麗卡告訴我，她從來沒聽過她的朋友們用這麼消極的方式談論母職，這讓她覺得自己很失敗。而且，她一直想當媽媽，為什麼她會不開心呢？「女兒們愈大，我愈是抽離。」她說，「有一天我意識到，母親的身分是沒有止境的。」給予艾麗卡敞開談話的空間，使她能坦然面對自己一直迴避的情緒。

在某次諮商中，她領悟到自己把對前夫的憤怒轉移到小孩的身上，這個情緒上的突破使她開始採取一些小步驟，更專注於在家裡的角色。她不去抱怨沒有幫手，而是請了清潔工，每月到家裡打掃幾次。她請朋友幫忙照顧孩子，好讓她獨處幾個小時。她開始派家事給女兒們做，這樣就不會讓所有事情都壓在自己身上。艾麗卡開始處理倦怠感，她放棄成為萬能媽媽的需求，在需要幫忙時會提出來。

當我們沒有設定界限時，會發生什麼事？

倦怠讓人難以承受，而界限是解藥。當人們在情感、精神或身體上變得疲憊不堪時，就會發生倦怠。在很多情況下，就像艾麗卡，會導致長期的挫折感、對工作職責的忽視、情緒化和逃避。在《哈佛大學報》（*Harvard Gazette*）發表的一篇文章中發現，醫生的倦怠會讓醫療系統每年損失四十六億美元[1]。因為他們較容易犯下關鍵的醫療疏失，例如：誤診、開錯藥、忽略關鍵的細節。

根據《倦怠：解開壓力循環的祕密》（*Burnout: The Secret to Unlocking the Stress Cycle*，暫譯）作者艾蜜莉・納果斯基（Emily Nagoski）和雅美莉亞・納果斯基（Amelia Nagoski）的說法，倦怠是由壓力引起的，她們將其描述為：「當你遇到壓力的觸發器時，在你身體上發生的神經和生理變化[2]。」

倦怠的成因是：

- 不知道什麼時候該說「不」。
- 不知道如何說「不」。
- 優先考慮他人而不是自己。
- 討好他人。

- 超級英雄症候群（認為「我能做到一切」）。
- 不切實際的期望。
- 你所做的不被感激。

讓我們為艾麗卡逐一檢視一次吧！

不知道什麼時候該說「不」

儘管知道自己的工作旺季即將到來，但艾麗卡並沒有準備少做一點。相反地，她要繼續按照她平常工作的節奏運作，甚至在一年中最忙的時候，還給孩子們增加了另一項活動。

如果沒有其他的支援，艾麗卡就必須：

幫自己和孩子們打理好；

帶她們去學校；

早上九點工作到下午五點；

接孩子放學；

帶她們參加活動；

準備晚餐；
打掃房子；
陪孩子們一起做作業；
讓孩子們上床睡覺；
回去工作；
為隔天做預備；
睡五到六個小時。
然後隔天全部再來一次。

建議設定的界限

大多數父母都希望自己的孩子能夠健全發展，但這不一定要犧牲父母的理智作為代價。艾麗卡可以詢問附近其他的家長，看看是否能搭便車，她也可以每學期只讓女孩們參加一個活動，減輕自己的負擔。

不知道如何說「不」

「不」字是很難說出口的，特別是當你想做好所有事情的時候。艾麗卡必須學會接受不去做所有事情，也不讓女兒們執著於做所有的事情。

建議設定的界限

艾麗卡可以等一個學期，看看女孩們是否對課外活動還有興趣，而不是對所有的活動都說好。給孩子們時間，能幫助她們思考自己的選擇。什麼都嘗試並不一定能讓孩子們成為任何一項活動的好手。

✚優先考慮他人而不是自己

艾麗卡每天的待辦事項清單中，沒有任何放鬆或重新與自己連結的項目。工作、家庭和孩子是她每天的焦點。她的清單中完全沒有**自己**的餘地。

建議設定的界限

- 起床後做伸展運動（兩分鐘）。
- 靜心或靜坐（兩分鐘）。
- 閱讀一些啟發心靈的文章（兩分鐘）。
- 寫下想法和一件感恩的事情（兩、三分鐘）。
- 讀一句當天的積極肯定句或正向意念（一分鐘）。

睡覺前重複這套方法也很有用。堅持早晚規律的生活，可以確保艾麗卡每天有時間與自己交流。

討好他人

艾麗卡想取悅很多人，例如她的孩子、老闆和朋友。她想要成為比自己的母親更好的母親。然而，在試圖討好每個人的過程中，她幾乎沒有精力照顧自己。

建議設定的界限

我建議艾麗卡開始問自己：「為什麼這對我很重要？」然後只做最重要的事。有時候，我們會做一些對我們來說並不重要的事，因為相信這些事能維持特定的「好家長」或「很有能力的人」的形象。

超級英雄症候群（認為「我能做到一切」）

沒有人可以做所有事情。相信自己可以，會導致倦怠。在艾麗卡的案例中，她在社群媒體上看到那些媽媽部落客在照片中總是精心打扮、容光煥發地抱著自己的寶寶。有很長的時間，她認為自己可以面面俱到，還能每天精心烹調三餐。她對一般女性在處理工作、生活和人際關係上的掙扎沒有任何看法，儘管她也是過著這樣的生活。

建議設定的界限

不要在社群媒體上關注那些總是光鮮亮麗得令人羨慕的人，多接觸一些坦誠地談論自己日常生活掙扎的母親，並且分享管理壓力的方法。

不切實際的期望

艾麗卡每天都要洗一大堆衣服、做晚飯、工作、開車帶著孩子們到處跑，然後再做點工作。她的期望值並不合理，不切實際，也無法持久。我建議她問自己一些問題：**我在滿足誰的期望？我的孩子相信我會答應她們每一個要求嗎？我的家人是不是需要我每天晚上花一、兩小時做晚餐？**然後她想到，也許她的期望是不合理的。符合實際的期望不會導致壓力。

建議設定的界限

艾麗卡有任務在身，但她不須事必躬親。她變得願意尋求幫助或雇用幫手，這樣她就可以少做一些、授權更多。我們不能創造更多的時間，但是我們可以少做一些事，委派他人，或者請人幫忙。

你所做的不被感激

艾麗卡的倦怠並沒有延伸到工作上，因為她的努力受到認可，覺得自己在職場很有價值。這帶給她動力，讓她在工作上表現出色。然而在家裡，艾麗卡的努力並沒有得到任何稱讚。

建議設定的界限

告訴人們你需要什麼。艾麗卡已經意識到，她需要正面的回饋和肯定。把這種需要向家人表達，可以帶給她需要的動力。

以下是通常會導致倦怠的其他問題。

導致倦怠的問題

- 聽人一遍又一遍地抱怨同樣的事情。
- 盡心盡力，卻很少有人感謝你的付出。

- 你把忠告提供給不重視你的回饋的人。
- 與對你造成情緒傷害的人對話。
- 做一些不能讓你快樂的事情。
- 在你的角色和職責中缺乏平衡（和諧）。
- 在工作、家庭或人際關係中設定較高的期望。
- 一直想要控制自己無法控制的情況。

心理健康與界限

心理健康問題並不是導致無法說「不」、沒有自信、無法為自己辯護的原因，但這種無能肯定會因為心理健康問題而加劇，例如：胡思亂想，也就是在腦中一遍又一遍地重播想法，這種行為已經由一些案例的診斷發現。聚焦於他人可能的反應是其中一種方式，這會影響我們的行動能力。界限問題在下列心理健康問題中更為明顯。

焦慮症

人們會尋求治療，通常是針對焦慮和（或）憂鬱症。根據美國焦慮和憂鬱症協會的資料，有大約四千萬名美國成年人被診斷患有焦慮症，兩千萬名被診斷為憂鬱症患者[3]。很多人被診斷同時患有兩種症狀。

焦慮症通常是由這些原因引發：設定不切實際的期望、無法說「不」、討好別人、無法堅持己見。當人們因為焦慮來找我時，我們會開始剖析他們生活中的不同方面，找出方法減低導致他們焦慮的因素。

根據經驗，焦慮症最大的誘因是無法說「不」。所以，幫助緩解焦慮症，就意味著要幫助他們設定界限。

說「不」是設定界限最明顯的方式，但為了不顯得刻薄或讓別人不高興，我們經常會同意一些我們不想做的、沒有時間做的或不確定如何做的事情。

然後，就會對所有已經答應幫忙他人做的事感到焦慮，擔心自己是否可以正確、如期地完成。當這些煩惱充滿大腦時，就會體驗到焦慮。因此，對我們的合理能力（和意願）設定限制，是管理焦慮誘因的一種方法。

對自己和他人不切實際的期望也會引發焦慮。有時候，期望是來自將自己與他人比較而產生，也可能來自家庭、文化規範或你的朋友。如果你經常感到焦慮，重要的是意識到什麼是合理的期望、什麼不是。為了確定你的期望是否合理，請考慮這幾點：

1. 我想達到誰的標準？
2. 我有時間投入這個工作嗎？

3. 如果我不做這件事，最糟糕的情況是什麼？
4. 在這種情況下，我要怎樣才能尊重我的界限？

對於慢性焦慮症患者來說，在過程中最有挑戰性的是：擔心別人會怎麼想。在焦慮的狀態下，如果試圖設定一個界限，就會創造出導致負面結果的情況，例如：「如果我拒絕，他們會說我很自私，拋棄我。」

即使最壞的情況幾乎不可能發生，但在你焦慮時，你就會盡一切努力想避免它。然而真正最壞的情況，其實是你放棄了界限。對他人說「不」，可以讓你對自己或你真正想要的事物說「是」。

給焦慮症患者的肯定言語：

「我有權利擁有期望。」
「在健康的關係中，我的需求會被認可和接受。」
「在我設定界限之後，人們會和我維持關係。」
「就算感覺不舒服，我還是能夠設定標準。」

現在，我們來看看界限對憂鬱症的影響。

✚憂鬱症

在治療憂鬱症時，我其實是治療「絕望」。我對憂鬱症患者的協助，就是讓他們有辦法相信自己。當他們能夠做到這一點，他們的生活就會變得更好。我灌輸希望的方法之一，就是幫助他們設定簡單的界限。他們可以想一些小事，要求另一個人遵守這個小小要求。我們從最基礎的步驟開始。

例如，我會說：「下次你出去吃飯，餐點卻不盡理想，你要對自己承諾，去要求餐廳改正。」先從和陌生人設定界限開始，看似微不足道，但是患有憂鬱症的人常發現，不論在何種情況下都很難為自己辯護。執行這個任務之後，我的憂鬱症患者可以看到他們的需求如何被滿足。從那裡開始，我們會處理更具有挑戰性的請求。

較簡單、易執行的界限例子

- 在賣場接受汽車服務。
- 當別人說錯你的名字時，糾正他們。
- 在購物時尋求協助，而不是自己去尋找商品。

- 問問題，而不是認為你知道答案。

如果你經歷過憂鬱症，設定自己在一天內做多少事情的界限，會有幫助。如果你在待辦事項清單上增加太多事情，但又缺乏動力，就一定會失敗。如果你承擔了太多的任務，開始後卻不能完成任何一項，憂鬱的程度就會提高。反之，應該要強調小小的勝利，例如：週末休息、去健身房，或是與朋友出去。

給憂鬱症患者的肯定言語：

「漸漸地，我能遵守對自己的小承諾。」

「小勝利就是大勝利。」

「做一件事總比什麼都不做好。」

依賴型人格障礙（Dependent Personality Disorder, DPD）

依賴型人格障礙的特點，是他們無法獨處。有依賴型人格障礙的人在沒有他人協助的情況下會感到無助，因此使得人際關係中毫無設定界限的空間。依賴型人格障礙患者不斷尋求他人的關注、建議和安慰，然而依賴他人做決定和不斷地回饋，往往會破壞依賴型人格障礙患者的人際關係。

✚邊緣型人格障礙（Borderline Personality Disorder, BPD）

患有邊緣型人格障礙的人，與他人的關係中存在不健康的依戀。他們的人際關係通常不穩定，因為他們將與他人的互動過分個人化，習慣假設和過度反應。患有邊緣型人格障礙的人往往缺乏界限，因為他們很難區分自己的起點與他人的終點。他們與其他人之間的分界是模糊的。

此外，吸毒、精神失常和有飲食問題的人較可能有界限方面的問題。讓我們來看看這些問題如何出現在我們和自己與他人的關係中。

沒有界限的關係是什麼樣子

卡洛斯認為自己是個好朋友。當他的室友向他借車，他馬上說好，沒有問任何問題，他相信室友不會給他惹麻煩。

然而，當他的室友回來時，卡洛斯聞到車裡的雪茄菸味，也看到油箱快沒油了。「什麼樣的人會在別人的車上抽菸，還幾乎把油箱的油用完了？」他想。他失望地發現，他的室友沒有達成他沒說出口的期望。

溝通我們的界限並不容易，但如果不溝通，我們就會遭受長期的痛苦。我們根本不可能與另一個人有一段健康的關係，卻不溝通什麼是可以接受和不能接受的事情。如果我們在關係中不主動去做這件事，對方肯定會設定他們的界限，那會迫使我們只能按照他們的規則彼此互動。

在第六章中，我會告訴你如何清楚地溝通界限，但請先了解，如果你沒有告訴別人你的界限是什麼，他們不可能知道。人們不可能達成一個我們從不說明的標準。界限不是不言而喻的規則。

界限不是不言而喻的規則。

不言而喻的界限是隱形的，它們往往聽起來像「他們早該知道」或「常識就是……」然而，常識是基於我們自己的生活經驗，並非每個人都一樣。這就是為什麼溝通是不可或缺的，不要假定人們知道我們對於關係的期望。我們必須告知他人我們的極限，並且負責維護界限。

潛在的健康關係，往往會因為僵硬或鬆散的界限而變得不健康，我們要不是嚴格要求，就是給人太多自由，毫無限制。這些情況造就了單方面的關係，而為了維持關係，其中一個人就會付出更多。

然而，健康的關係奠基於兩個人相互支持（唯一適合單方面關係的情況是親子的互動）。

簡單地說，沒有界限的關係是失調的，不合理，也很難管理，其運作的方式大多基於此種假設：會發生什麼「神奇」的事情來扭轉一切。但是，希望關係會憑空自我修復，充其量只是個幻想。

人際關係中如果沒有界限，就不可能有健康的自我照顧。事實上，大多數沒有健康界限的人認為，照顧自己是自私的，所以當他們嘗試自我照顧時，感覺很不舒服。他們認為照顧自己是以犧牲對對方的支持為代價。自我照顧帶來內疚感，因為他們覺得要是沒有他們的幫助，別人就會崩潰。

在這種關係中，我們的角色是幫助者，總是擔心對方，不相信對方能照顧好自己，除非我們幫助他。我們的注意力有很多個焦點，因為我們一直努力平衡自己與很多人的需求。即使我們試圖關注自己，仍然傾向於關注他人，和根據這些人可能怎麼想來做決定。如果沒有界限，關係通常會結束，或者我們因為不合理的對待而受不了了。有時候，我們允許問題存在如此之久，直到再也無法忍受。然後，由於我們從來沒有明確表達過自己的不快樂，對方發現後會很驚訝，原來我們受了不少苦。

當我們真的明白自己的期望，說出「我需要你＿＿＿＿」，至少會了解究竟誰願意、誰不願意尊重我們的需求和願望。在你的人際關係中，人們是否清楚你渴望如何被對待？你如何對待自己？別人從觀察你對待自己的方式就能更加了解你。人們可以根據你如何對自己說話、如何談論自己，以及如何對待自己的行為，感受到你是否缺乏自尊心或關愛。希望別人對你比你對自己更好，是不合理的，所以要對自己好一點，因為你生活中的人都在看著你。

不設定界限時常見的感受

當你想說不的時候卻說好，你會覺得身體有些「不對勁」。當你允許別人占你的便宜時，你就會覺得不對勁；當你不情願地為別人付出時，你的身體也感覺得到。

因此，如果你學會關注自己的身體，它會告訴你什麼時候應該設定界限——在你接電話前的嘆息聲中、想避開某些人的念頭中，或者在你猶豫不決無法答應時。你也可能感覺腹部緊繃，肩膀、脖子或太陽穴疼痛。當你更加意識到自己的個人徵兆，就會發現你有多常把自己的需求放在一邊，去取悅或照顧其他人。

當人們沒有設定界限，最常感受到的情緒是怨恨、憤怒和挫折。以下是關係中這些情緒常見的原因：

- 感覺不被傾聽。
- 設定了界限，但沒有得到你想要的結果。
- 答應你不想做的事。
- 感覺被利用。
- 逃避設定界限。

我們來詳細分析一下這些情緒。

怨恨

怨恨的核心是失望，再加上憤怒和恐懼。因為怨恨往往是一種不舒服的情緒，難以承認和表達，很多人都否認有這些感覺，所以常用一種被動攻擊的方式表達。與其承認「我感到怨恨」，他們會用簡潔和迴避的言語來暗示這種感覺、避免與冒犯他們的人相處，或是不理會攻擊行為的影響。甚且，他們認為對方應該弄清楚他們為什麼生氣。

憤怒

憤怒是一種敵意或惱怒的感覺，可以向內或向外表達。當向內表達時，界限不健康的人就會進行消極的自我對話、自我破壞、自責或自卑，不是讓別人去負責，而是變成內在的問題。這往往會導致焦慮、憂鬱或其他心理健康問題。對他人的憤怒，也就是向外表達時，看起來像是不需要負責的責備，成年人發脾氣（大喊大叫、咒罵、哭鬧、砸東西、辱罵），或是整體上對他人完全冷漠。

向內和向外表達的憤怒，都會對人際關係產生負面的影響。

挫折

當我們無法實現目標或滿足需求時，挫折感就會隨之而來。比方說，你好不容易鼓起勇氣設定一個界限，並對某些人表達，卻發現他們不尊重它，這一定會造成挫折感。當我們說出期望後仍然感到挫折，會說「好吧，反正他們也不會聽」或「我已經試過了，但是沒有用」這樣的話。挫折感導致失去希望和動力，但是，感覺挫折並不是停止努力設定界限的理由。設定界限是需要堅持的。設置界限但無效的原因很多，例如：

- 對方還沒準備好聽你說話。
- 你說的話被誤解了，因為你沒有貫徹你設定的界限。
- 你必須尊重你所設定的界限，這樣別人才會明白你是認真的。
- 你提出了一個要求，但是沒有設定界限。

不管是什麼原因，你可以再試一次。不要讓挫折感阻礙你滿足需求。

逃避設定界限時會有的行為

✚想逃離

「我離開好了，這樣他們就不會再要求我做事了。」我已經從我諮商室的個案聽到好幾次這樣的話。責怪對方，離開他們的所在，似乎是最簡單的解決方式，但你一定會發現自己創造的新關係中也有同樣的界限問題。

此外，科技讓我們更容易提供遠距離的情感和財務支援。我們可以打電話、聊天、發訊息，不需要巨額的費用，而依照我們遷移的地點，另一方可能很快就能來訪。距離不總是能解決問題，所以物理上的轉換根本不是答案，我們需要的是心理上的改變。

然後，我們要改變自己的行為，使之與我們所說出的需求一致。

事實是，不健康的界限會跟著你，無論你走到哪裡——除非你學會將它說出來。

八卦

以下是八卦的定義：

- 以論斷的方式談論別人，意圖造成傷害。
- 在背後發表評論。

我們常常不直接設定界限，而用閒言閒語來處理自己的挫折感。但是八卦沒有任何幫助，只會導致更多的怨恨。它對於改善關係或結束困擾我們的行為毫無幫助。

抱怨

抱怨別人並不能修補我們不健康的界限。抱怨和八卦類似，也是處理挫折感的一種方式。然而，對於抱怨，我們通常會扮演受害者的角色，說類似這樣的話：「為什麼每個人都對我有這麼高的期望？我的先生知道我需要幫助，但他不幫我。我不明白為什麼人們不能把自己的事情做好。」

除了不能解決問題之外，抱怨——很像流言蜚語——會讓人產生怨恨。當我們宣洩不滿時，會變得更挫折和煩悶，而強化了「這是別人對我們做的」這樣的信念，卻沒有停下來評估，是因為未設定明確的界限，才允許某些事情發生。

逃避

我買了一輛新車，但不想直接告訴別人不能借用，我以為讓他們不方便借，就能結束借車的問題，但後來他們開始要求我開車接送他們。我沒有建立界限，就製造了一個新的問題。這些困難的對話一點都不容易，我們不想傷害任何人的感情，所以允許問題發酵，然後無可避免地變得不滿、憤怒或感到挫折。我們總是希望人們能明白我們的迴避意味著什麼，然後做出改變。

例如，在大學期間，我和一個男生正在約會，但我漸漸對他失去興趣。他繼續打電話來，我很少接聽，以為他最終會明白我的意思，不再打電話。如果我接電話，就會用「工作和學業很忙，沒時間出去玩」、「我有作業」等藉口拒絕。事實是，我根本不喜歡他了。

幾週後，我再也受不了。他又打電話來時，我說：「我不像你喜歡我那樣喜歡你。我覺得你不應該再打電話來了。」你猜怎麼了？就這樣，他沒再打電話了。每一次我的電話響起，我不再煩躁；他也可以自由地打電話給一個對他真的感興趣的人。大家都開心了。

逃避對我來說不是一個有效的策略，對你來說也不是。用盡可能最溫柔的方式說：「不，謝謝，我沒辦法；我沒有興趣。」或說：「不，我不能把車借給你。」不要浪費你和其他人的時間，不明說卻期待他們會明白。

隔絕

隔絕是指你突然（有時是在沒有解釋的情況下）與另一個人不再聯絡。在你隔絕別人之前，先問問自己：

1. 對方是否知道我在這段關係中的問題？
2. 我是否曾試過設定界限？
3. 我是否堅持了我的界限，並讓對方負責任？

隔絕發生的原因，是認為對方沒有能力改變，覺得對方不會尊重界限，或者已經讓事情走得太遠，以至於不再對修復關係感興趣。切斷與人的聯繫似乎是解決關係問題的簡單做法，但如果我們想要健康的關係，就不能逃避設立界限。

練習

本章從艾麗卡倦怠的故事開始。在一次會議中，我學會一項活動，後來跟我的個案分享，其中很多人都覺得很有幫助。這個練習叫做：「你的盤子裡有什麼？」[4] 這是個很有建設性的方法。也就是在你承諾更多的事情之前，找出自己盤子裡已有的東西。

在一張紙上寫下你生活中各種角色所附帶的所有職責、活動和責任。使用以下的提示，並在每個項目旁邊加上一個符號（有些可能需要一個以上的符號）。

享受：☺	激發活力：V
需要更多時間：⊕	為你自己：1
需要最多時間：★	為其他人：2

在完成這個步驟後，請問問自己：

- 你對清單上的任何內容感到驚訝嗎？
- 你的清單上少了什麼？
- 你要刪去什麼才能有更多時間做你喜歡的事情？

在下一章中，我們將討論為什麼我們容忍界限問題、為什麼設定限制如此困難，以及童年創傷和忽視如何使設限的過程更具挑戰性。

3

為什麼我們很難建立界限？

界限是擁有健康關係的關鍵因素。

「你現在是家裡的男人了。」賈斯汀的父母離婚後，他的母親這樣對他說。當時他十二歲。賈斯汀突然覺得要為弟弟們負責，他開始在放學後照顧他們，準備晚餐，督促他們睡覺，甚至和朋友出去玩的時候也帶著他們。

賈斯汀的母親經常不在家，無論是實質上還是情感上。她因離婚而罹患憂鬱症，日漸削瘦。他們的父親已經移情別戀，正在和一個有孩子的女人交往。因此，賈斯汀雖然還是個孩子，卻已經成為家人的照顧者和情感支持者。

母親問賈斯汀如何照顧弟弟們，也哭著對他說她離婚後的情緒。與同齡人相比，賈斯汀在他這個年齡算是「成熟」了。他們認為他很聰明，所以很快就對他敞開心扉。

賈斯汀來找我的時候，已經二十九歲了，但他依然在很大程度上負擔著照顧弟弟的責任。事實上，他是生活中大多數人的急救站。朋友們向他尋求建議，他的父母每當弟弟有什麼事時都會打電話給他，而弟弟則利用他作為經濟和情感上的支柱。到了二十九歲，他已經厭倦扮演問題解決者的角色，但他看不到出路，畢竟**大家都需要他**。

這種模式甚至影響到賈斯汀的戀愛關係。他總是找「特定類型的人」約會——一個需要幫忙的人。他最長的一段關係持續了九個月，但是一旦他的伴侶不再需要他，這段關係很快就泡湯了。他意識到自己往往會吸引到有依賴性的人。他並沒有特別喜歡幫助別人，但他確實認為自己的幫助是必要的。

他不斷地給予，從來不為自己尋求協助；他自給自足、自力更生；他很討厭無助的感覺，即使當女朋友有心為他做一些事，他也不喜歡。他希望能結婚生子，但是，除了現在的家人和朋友之外，與其他人維持情感關係對他而言是一項挑戰。賈斯汀需要學會如何承認自己的情感需求，允許別人支持他。在父母離婚期間，他得出的結論是，他的需求對別人來說太複雜了，而且他更擅長**給予**支持而不是**接受**支持。顯然，他的關係問題是他小時候情感被忽視的產物。

當你沒有從父母或照顧者那裡得到足夠的情感支持，就會發生情感忽視。他們可能不理解孩子的需求，或者低估培養孩子情緒健康的重要性。情感被忽視的人往往對自己的經歷感到困惑。然而，情感虐待和情感忽視是有區別的；情感忽視是無意的，而情感虐待則是故意的。

經歷過情感忽視的人，往往在與他人建立健康的依附關係上發生問題，不論他們的依附關係是屬於焦慮型或逃避型。

在協助賈斯汀解決這個問題時，我們首先把重點放在學習如何與弟弟和父母設定情感界限。起初，他覺得自己不跳出來解決問題，而是對弟弟說「你問過媽媽了嗎？」讓他很不自在。他也覺得對母親說無法再當她的情緒知己，是很不好的。但是，過了一段時間，賈斯汀注意到，他的家人開始用不同的方式看待他。他開始經常和他們聊天，話題包括他的約會對象以及其他有關自己的事。他開始相信他們想要了解他和他的感受。後來，他能和約會對象交往超過幾個月，也再一次成為他父母親的兒子，而不是當他們的父母。這並不容易，但透過設定情感界限，賈斯汀漸漸學會溝通，並且維護他的界限。

為什麼我們無法擁有健康的界限？

告訴別人你在關係中的負擔有多重，是你的責任。賈斯汀知道他想從照顧弟弟的角色中退下來，不想再當父母的情感支持者，也知道自己在男女關係上有問題，但他並不知道解決問題的方法，有可能是在他的關係中設定界限。

「是他們，不是我」

為了改善彼此的關係，我們假設**別人**必須改變。我們不知道哪些方面是在我們的控制範圍內，比如設定界限。但是，當我們設定了界限，由於我們改變了願意忍受的事物，人際關係也就會隨之改善。

「我們曾經試過，但失敗了」

當我們設定了界限，卻沒有立即看到改變，我們往往會認為這是一個失敗的嘗試。但是，人們不立刻遵守我們的要求，是有很多原因的，因此我們的溝通方式非常重要。在說出想要的東西之後，我們做了什麼，也至關重要。

（請繼續閱讀，你將會學到設定和維持界限的最佳方式。）

誤解何謂界限

關於界限常見的誤解是，它總意味著「拒絕別人」。但是，設定界限可以有很多種方式，說「不」只是其中之一。賈斯汀透過重新引導他的弟弟找父母談實際的問題來設定他的界限；他也給自己設定界限，在與人交往時情感要更透明。賈斯汀在父母親拿他作為情感支持時，並沒有完全拒絕他們。然而，他坦言，當他聽到某些話題時還是覺得很不舒服。界限的意思不是只有說「不」。

> 界限的意思不只有說「不」。

我們容忍界限問題的原因

沒有意識到需要設定界限

在第一章，我們討論了可能需要設定界限的跡象。最關鍵的症狀是**感到不舒服**，它表現的形式為憤怒、怨恨、挫折和倦怠。當我們感覺到其中任何一種情緒時，很可能就需要設定界限。我們容忍不健康的界限，是因為我們不了解自己的感受，沒有正視這種不適感。我們知道「不對勁」，但不知道原因是什麼。

電影《戀戀情深》（*What's Eating Gilbert Grape*）即是一例。早年喪父的吉爾伯〔強尼・戴普（Johnny Depp）飾〕是家裡的支柱，負責照顧弟弟妹妹。其中一個弟弟阿尼〔李奧納多・迪卡皮歐（Leonardo DiCaprio）飾〕罹患自閉症。除了弟弟妹妹外，吉爾伯還要照顧他胖到無法出門的母親——她在丈夫自殺後，體重開始增加。

由於他不健康的界限，吉爾伯在家庭與個人的社交生活中苦苦掙扎。他的另一個弟弟和妹妹成功建立自己的生活——一個成為麵包店的經理，一個離家去上大學。吉爾伯與一個到城內探訪的女孩陷入熱戀，卻無疾而終，因為他沒有設立與家人的界限。吉爾伯意識到有些不對勁，但他不知道，健康的界限可以幫助他在他熟悉的生活之外，開始一個新的人生。

人們常專注於最壞的情況

儘管最壞的情況往往是最不可能發生的，但我們對最壞情況的恐懼常使我們無法設定界限。以下是一些典型的想法：

「如果他們生我的氣怎麼辦？」

「如果他們不想再和我聯絡怎麼辦？」

「如果我失去朋友／家人怎麼辦？」

「如果我說錯話怎麼辦？」

「設定界限是小題大作嗎？」

「如果我被人說自私呢？」

「我覺得沒有人會聽我的。」

關於最壞情況的預想，是出於恐懼，這是對最有可能發生的事的錯誤假設。我們無法預測未來，無法預測人們會如何回應我們的界限。

✚覺得自己無法忍受設立界限的不適感

設立限制是不舒服的，這種不舒服足以使大多數人放棄設立界限，所以我們保持沉默。我們覺得設立界限時與他人所展開的對話，會帶來不舒服的感覺，而那將使我們無法忍受（又是最壞情況的預想）。我所教導的事情之一，是如何管理設定界限的不適感。我們可能對進行困難的對話感到不舒服，但要相信自己做得到。設定界限的短期不適感，不能成為你繼續忍受問題、帶來長期痛苦的理由。不健康的關係令人沮喪，會損害我們的健康。隨著時間的過去和持續的練習，設定界限會變得更為容易。

我們從什麼地方學習界限？

✚一切從「家庭」開始

我們生來就有滿足自己需求的衝動。孩童想要什麼的時候，會哭、會大驚小怪、會表現得很明顯。我們學會根據父母和其他照顧者的反應，來確定需求是否能夠得到滿足。父母／照顧者可以引導我們走向健康或不健康的界限。

從出生開始，家庭就是我們主要的導師。我們先向母親和父親學習，然後是家庭環境中的其他人，包括兄弟姊妹和延伸家庭成員。在許多情況下，提到家庭中的界限，我們想到的是父母所設定的規則。然而，界限不一定是規則。父母對孩子的限制是期望、喜好，有時候也是對孩子的規範。家長和照顧者通常會很樂意向孩子表達他們的期望，但孩子往往覺得他們沒有權利為自己設定界限。

尊重孩子的界限

我的大女兒在四個月大時，開始對健身房附設托嬰中心的照顧者表現出輕蔑的態度。

通常我的女兒喜歡被人抱著，但她不喜歡這個人。每當我們把她留在托嬰中心時，她就會一直哭，直到他們把我從健身房叫過去接她。我花了幾天時間才注意到，她只有面對某個工作人員才會哭。意識到這一點後，我事先給健身房打電話，看看那天誰在托嬰中心工作，如果是我女兒似乎不喜歡的那個人，我會等她下班後再去健身房。她在四個月的時候就表達了她對人的偏好，我尊重她的偏好，不強迫她和讓她感覺不舒服的人在一起。

孩子們有界限，除非他們被指示或告知這個界限不對。對孩子來說，食物偏好是一種設限的嘗試，他們可能不知道什麼是最營養的，但他們知道他們不喜歡什麼。他們對食物的喜好是基於口感、氣味、顏色和味道。

當孩子設定了一個界限，比如不想吃某一種食物，家長會如何應對？

1. 提供其他選擇（可能和孩子不想吃的食物一起）。
2. 堅持讓孩子吃他們說不喜歡的東西。
3. 懲罰孩子，不讓他們吃任何東西。

以下是孩子對自己設定界限能力的理解：

選項1：「我聽到了。我想要你吃點東西，所以我會尊重你的要求，提出其他選擇。」

選項2：「你的界限對我來說並不重要，而且我知道什麼是對你最好的。」

選項3：「你會因為偏食而受到懲罰。照我說的做。」

當孩子設定了「我不想抱你的朋友」這樣的界限時，家長會如何應對？

1. 允許孩子自己選擇向誰表達愛意。
2. 催促孩子去擁抱朋友。
3. 羞辱或威脅孩子說：「有人想要和你擁抱時，拒絕別人是不好的。」或是：「如果你不跟他們抱抱，你會被打屁股。」

以下是孩子對自己設定界限能力的理解：

選項1：「我聽到了。如果你覺得對某人表現愛意會不舒服，我會尊重你的喜好。」

選項2：「你的界限對我來說並不重要，我知道什麼對你是最好的。」

選項3：「你有偏好會受到懲罰。不要讓你的父母難堪。別人的感受比你自己的重要。」

想培養出健康的孩子，必須讓他們擁有健康的界限。這是可以做到的，只要我們允許孩子對於吃什麼、穿什麼、喜歡誰、怎麼做、感覺如何，以及誰可以出現在他們身處的空間中，保有自己的偏好。

以身作則

孩子們從來都不善於聽從長輩的意見，但他們從來沒有停止模仿他們。

——詹姆斯・鮑德溫（James Baldwin），美國作家

家長教育孩子的方式，是以身作則。父母如果不示範健康的界限，就會在無意中教會孩子**不健康**的界限。我曾輔導過那些不會照顧自己的女性，當我問她們：「妳的母親有好好照顧自己嗎？」她們的回答一定是沒有。

這些女性不僅不知道如何照顧自己，而且當她們嘗試自我照顧時，還會感到嚴重的內疚。她們已經被教導，自我照顧是自私的，會使自己成為不好的人。她們看到自己的母親化身為一個無私的女性形象，所以在她們試圖成為一個女人的過程中，會重複她們所看到的。但是，我們的母親也累壞了，她們那一代人都認為自己有義務為別人做所有的事，毫無怨言。

如今，人們的自我照顧意識正在提升，也逐漸為人們接受。不到幾十年前，關於自我照顧的書籍還很少，到了二〇一八年，巴諾書店（Barnes & Noble）裡關於自我照顧的書籍銷售量已超越飲食和運動類[5]。

過去的幾年裡，人們開始了解到體重問題往往是心理和情緒健康問題的一個症狀。然而，很多人不知道的是，自我照顧能力差的原因通常與界限有關。當我們堅持運動，就是給自己設定期望值，定義什麼行為以及習慣是我們能接受和不能接受的。如果我們對自己沒有健康的界限，就不會找時間去健身房或是注意飲食。

什麼時候不能說「不」？

孩子從父母那裡學會何時能說「不」。學習是直接也是間接的。孩子第一次看到父母被人以「不」回應時的反應，無論是被兄弟姊妹，還是其他家庭成員，或是外面的成年人，都會潛移默化。家長對被告知「不」的反應，就告訴孩子是否可以說「不」。如果孩子接收到「我不能說不」的訊息，那麼他們在說「不」的時候就會感到掙扎。

這個訊息不一定要明確地用口頭表達，例如：「你不能對我說不。」父母的一個反應，比如沉默對待孩子、不理會他們的擔憂，或嘲笑他們的需求，都等於在向孩子傳達：說「不」是不行的。

向他人學習

雖然家庭是我們學習的第一個場所，但我們也會向生活中的其他人學習。這些人包括老師、同儕、電視節目和電影角色，以及其他成年人。

影響界限的童年問題，如創傷、虐待或忽視

創傷

創傷是指任何導致你感到極度痛苦的事件或人生經歷。這些事件不一定要親身體驗，我們會因為觀察別人的經驗而受到創傷。例如，如果我們在家中目睹了家庭暴力，即使我們自己從未受到身體或言語上的虐待，也會受到影響。

我們可能會因為以下原因而經歷創傷：

- 親人死亡。
- 嚴重的意外。
- 虐待／忽視。
- 霸凌。
- 被遺棄。
- 離婚。
- 父母之一入獄。

創傷的經歷會讓我們的大腦和身體轉換為生存模式。因此，不健康的界限變成了賴以生存的工具。如果我們認為生存取決於關係，那麼在這些關係中設定界限就會極為困難。要是我們覺得沒有其他選項或方法來擺脫某個特定的情況，設限可能看來就不是合理的行動方案。

虐待

身體虐待和情感虐待，都是侵犯界限的行為。當人們不知道這種對待方式是錯誤的，就可能認為虐待是關係中可預期的一部分。身體或情感虐待的受害者很難與施虐者設定界限。

當受害者開始認為他們要對被虐待負責，或當他們開始同情施暴者時，就會產生創傷羈絆（trauma bonding）。創傷羈絆限制了我們設定界限的能力，因為我們認為自己是加害者行動的原因。在虐待家庭中長大的人，有更高的可能性在日後發展出創傷羈絆。此外，虐待關係愈長，就愈難離開。

家庭中，若孩子相信他們要對自己所受到的言行待遇負責，創傷羈絆就會發生。言語虐待的例子：「如果我聽話，我媽就不會大吼大叫、咒罵我了。」

身體虐待的例子：「我爸爸一直喝酒，早知道就不向他要東西了。他一喝酒就打我。我必須離他遠一點。」

在成人關係中，情況可能不同，但創傷羈絆仍可能成為關係的一部分。言語虐待的例子：「我的伴侶不喜歡別人問問題，這就是為什麼我問問題的時候，他就對我吼叫。我需要把事情弄清楚而不惹他生氣。」

身體虐待的例子：「當我的妻子不高興的時候，她會往我身上丟東西。這只是她處理憤怒的方式。」

當你被人操縱，相信被虐待是你的錯時，就是違反了界限。不管虐待背後的原因是什麼，這個行為絕對是不行的，即使這個人是父母、伴侶，或是你信任的人。相信別人會願意滿足他們的期望，這對遭受虐待的人而言，是頗大的挑戰。

✚生理忽視

這種忽視，涉及生活必需品或生理上的需要。生理被忽視的孩童可能沒有得到充分的滋養，或是外表邋遢。被忽視的原因或許來自經濟上的缺乏，但事實上，即使是在經濟條件很好的家庭，也可能發生忽視的情況。

情感忽視

亦即缺乏「足夠」的情感關注。忽視情感的家人可能是善意的，所以被忽視的受害者常常會同情忽視者。諷刺的是，情感上的忽視有時可能是**過於**親密的結果。

糾纏型關係使我們無法建立個體意識，它使我們相信，我們要對別人的感受負責，所以我們要保護他們，使他們免受我們認為不良事物的傷害。但是，滿足父母的情感需求並不是一個孩子的工作。

這裡要提醒那些在童年時經歷過情感忽視的成年人，以下**絕對不是小時候的你應該負責的**：

成為家裡的男人。

成為父母之一的知己。

照顧你的兄弟姊妹。

在沒有父母指導的情況下學習。

維持一個混亂家庭中的和平。

在沒有情感支援的情況下，想辦法解決問題。

負責付帳單。

當孩子們被置入成人的角色時，他們的界限就被侵犯了——即使這些角色的誕生是迫不得已。在賈斯汀的案例中，需要有人幫助他照顧弟弟們，然而另一個成年人，比如他的父親或祖父母，原本可以承擔這個責任。他與弟弟們沒有正常的兄弟關係，因為他的任務是管理他們的需求；和父母在一起時，他是知己的角色，自己的情感需求無法從父母親那裡得到滿足。

當有人忽視我們時，我們很難相信他們會願意或能夠接受我們的請求。在第八章，我們將深入了解創傷如何影響我們設定和執行界限的能力。

阻止我們設定界限的思維模式

你無法充分設定界限的九個潛在原因：

- 你害怕當壞人。
- 你擔心自己顯得無禮。
- 你習慣討好別人。
- 你對設定界限後的互動感到焦慮。

- 你感到無能為力（不確定界限是否會有幫助）。
- 你從幫助他人中獲得價值。
- 你把自己被拒絕的感覺投射到他人身上。
- 你不知道該從哪裡開始。
- 你認為在某些關係中不能有界限。

你害怕當壞人

你最大的恐懼就是當壞人。然而到底什麼是「壞」？當你說「我不想當壞人」的時候，你假定你對別人說的話會被那樣解讀。但你怎麼知道別人眼中的壞是什麼？事實是，你不知道。害怕當壞人是基於這個認定：你知道對方如何看待你說的話。但認定不是事實，而是假設。你可以實驗看看，假設人們能完全理解你說的話，會發生什麼事？

你擔心自己顯得無禮

如何把界限說出來，是很重要的。在本書的第十到十五章，我們將深入探討究竟該如何陳述你的界限。我們常以為，在聲明我們所期待的事情時，只能透過大叫或咒罵的方式。通常這是在已經到達臨界點，而且等了太長時間才設定界限時，才會出現的情況。如果你的態度是積極主動的，就不必等到臨界點，也能帶著尊重溝通你的界限。然而，如果你已經到了界限的臨界點，你可以先練習要說什麼、如何說，這有助於你自信地傳達你的期望，而不須大吼大叫或表現得「無禮」。

你習慣討好別人

實施界限最難的，是接受有些人會不喜歡、不理解或不同意你的界限。一旦你成長到不須取悅他人，設定標準就變得更容易。當你考慮到擁有更健康人際關係的整體回報時，就不會對「每個人都喜歡你」太過執著。

因為很在意別人的想法和感受，於是總想討好別人。他們希望自己表現得很好，樂於助人，很有吸引力。對於這些人來說，設定界限是特別困難的，因為除了害怕當壞人或無禮之外，他們最怕的就是被人討厭。這種心態經常嚴重到令人寧願待在沒有界限的關係中受苦，也不願面對自己的恐懼。

你對設定界限後的互動感到焦慮

你擔心的是：「以後我們之間會很尷尬。」好吧，宣告恐懼就會讓預言成真。如果你宣稱下次見面時會表現得很尷尬，你就會。但要是你們的關係根本一如往常呢？說明你的界限，然後一切如常進行。你無法控制你的請求是否被接受，但你可以選擇之後繼續以健康的方式行事。維持正常將有助於保持未來健康的互動。因此，做好你的工作，示範你希望在關係中看到的行為即可。

你感到無能為力（不確定界限是否會有幫助）

除了缺乏健康的界限，你對每一個問題都很重視。你認為即使你設定了界限，別人也不會聽從。你想到最壞的情況，滿腦子都是建立界限絕對不會有用的想法。但是，如果你執行和維護你的界限，它就**會**發揮作用。如果你希望別人也遵守你的界限，堅持下去是非常重要的。

你從幫助他人中獲得價值

你可以做一個幫助者，而不需要咄咄逼人。幫助別人，**並且**設定界限。界限能讓你清楚表達自己願意和能夠協助的方式。畢竟，樂於助人者，通常都是在照顧別人的同時忽略了自己。

你把自己被拒絕的感覺投射到別人身上

討厭被人拒絕，以至於討厭對別人說「不」。當你沒有得到你想要的東西時，自然會不高興，但別人對你說「不」是健康的，這很可能顯示對方有健康的界限。如果你學會管理自己被拒絕時的情緒，你會成為一個更有同理心的界限設定者，但請不要假設別人會和你有同樣的感受。

允許人們先有反應，再推測他們的感覺。他們可能會用開放的態度接受你的界限。

你不知道該從哪裡開始

開始是你最大的障礙。「我要說什麼呢？如果他們不高興怎麼辦？」這些都是好問題。這就是為什麼在這本書裡，我要告訴你應該說什麼、什麼時候說明界限，以及對方不接受時你該怎麼辦。你在不健康的界限裡這麼久，很難考慮你有什麼選項，你已經習慣沒有選擇了。完整閱讀本書，你就會知道在各種情況下應該實施何種界限。

你認為在某些關係中不能有界限

你可能會想：「我不能告訴我媽媽我不喜歡——。」相反地，你要這樣想：「我要如何告訴我媽媽我不喜歡——？」在每一段關係中，你都可以設定界限，重點是，你**如何**設定界限。許多人發現，最困難的是對家人溝通他們的期望，但困難不等於不可能。最難的，可能是克服你認為過程很複雜的信念。再說一遍，假定最壞的情況，通常會讓我們連第一步都踏不出去。

設定界限時可能產生不舒服的感覺

基於你和對方的關係、當下的情況，以及缺乏界限的時間有多久，你可能會有不舒服的感覺（內疚、悲傷、背叛或悔恨）。

以下三件事會延長不舒服的感覺：

- 最小化：試圖把事情看得不那麼嚴重。例如：「我被爽約，但是沒關係，因為我還有其他的事情要做。」
- 無視：你表現得好像你的情緒並不存在似的。
- 過早放棄：當你不正視自己的情緒，只想趕快度過這痛苦的階段，你復原的時間就會被延長。療癒的過程太倉促也很可能導致重蹈覆轍。

愧疚

關於設定界限，我被問到的頭號問題是：「如何才能設定界限而不感到愧疚？」我立刻想到的是：「不可能。」我知道，我是個心理治療師，一定有什麼我可以做的，可以讓設限無愧於心。但是，不，沒有。我所**能**做的，是幫助你處理你的不適感。我可以幫助你在說「不」的時候感覺好一些。處理不適感是設定界限過程的一部分。在第六章，我們將深入討論。

悲傷

有時候我們感到悲傷，是因為我們不想當壞人。如果你把設定界限看成是刻薄或無禮的，設定界限後你會很傷心。所以，有必要重新架構你對這個過程的思考方式。

這裡有幾種重新架構思考的方法：

- 界限是為自己辯護的一種方式。
- 界限是維護關係健康和完整的一種方式。
- 界限是一種表達「我好喜歡你，我希望我們能把一些事情談開」很好的方式。
- 界限是一種說「我愛我自己」的方式。

重新思考你對於設定界限這件事的描述方法。

背叛

設定界限並不是背叛你的家庭、朋友、伴侶和工作，也不是背叛任何人或任何事。然而，**不**設定界限卻是背叛自己。不要為了取悅他人而背叛自己。改變你對界限的思考方式，將有助於管理設限時的不適感。

悔恨

「我說的嗎？哦，天哪，我說錯話了。」設定界限時，感覺自己做得不對是很自然的。但設定界限並不是錯的，也不是壞的。重新架構你對設定界限的思考方式，這種心理上的轉變會幫助你將不適感降到最低。

在本章，我們談到所有阻礙你設定界限的事——你給予自己和他人的感覺、想法和限制。當你進入持續設定界限的節奏時，這個過程會變得更自然。

「不要為了取悅他人而背叛自己。」

練習

拿出你的日記本或一張紙，完成以下的練習：

- 你的家庭如何教導界限的問題？
- 你的父母／照顧者是否尊重你的界限？如果有，是用什麼方式？
- 你的界限曾遭受什麼樣的侵犯？
- 你何時意識到設定界限對你來說是個問題？
- 你在設定界限方面最大的挑戰是什麼？

在下一章，我們將討論六種類型的界限。這六種界限可以應用在你生活中的許多領域。了解界限的類型，將幫助你深入探討如何在不同領域實施界限。

4 界限的六種類型

為你的生活和你允許參與其中的人設定標準，是必要的，甚至是至關重要的。

——曼蒂・海爾（Mandy Hale），美國作家

艾莉克絲被朋友稱為「很黏的人」。見面十分鐘內，她就會告訴你她的人生故事，邀請你進入她的生活，她希望你也這樣做。當人們沒有回報的時候，她會認為這代表他們有問題。在她試著與人建立連結的過程中，很快就把自己依附在別人身上。

最後，一個親密的朋友告訴艾莉克絲，她希望他們的友誼能有點空間；另一個朋友也證實，艾莉克絲是「過度分享」和「依賴」的人。她就是在這時候來找我求解。除了回答對初次約見者的幾個調查問題之外，艾莉克絲多寫了幾個關於自己的特點，接著她很快地講完她人生的所有細節。協談結束時，我問她：「妳為什麼在我提出的

問題之外給我補充說明？」

「我想讓妳了解我的一切。」她說。

在接下來的幾次諮商中，我了解到艾莉克絲認為與人連結的關鍵，在於知道對方的**一切**。然而，她在討論事件和細節時，卻沒有太多關於她的感受和思考。漸漸地，我發現了原因。幾次協談後，她說：「我爸什麼都跟我說。」他甚至告訴艾莉克絲她母親外遇的細節。他的模式是「我們沒有祕密」。然而，當艾莉克絲試著與父親分享一些事情時，他卻立刻告訴她應該怎麼想，而不是讓她說話。

她總是請求父親對她的決定提供意見，因為她不相信自己能夠做出「正確」的選擇。但他卻繼續用批評和不屑一顧的態度給予回應。

艾莉克絲的朋友們對她過於黏人、不斷地索求回饋，感到相當困擾。慢慢地，他們開始疏遠她。艾莉克絲完全不知道她在侵犯別人的界限。對她來說，關係意味著親近，而親近意味著你們必須經常說話、毫不保留，並且依賴別人的肯定。雖然這在她和她父母的關係中很正常，但在朋友中並非如此。

所以，我們的任務包括幫助艾莉克絲辨別她的感受，允許自己犯錯，提高她對自己做正確決定的自信心。她必須學會適度且恰當地向他人分享她的生活細節。在本章，我們將討論六大界限：**身體**、**性**、**智識**、**情感**、**物質和時間**。

身體界限

個人空間和肢體接觸，是你的身體界限；你的身體空間，就是你周圍的邊界。我們都對自己的身體、讓自己感覺舒適的東西有一定的知覺，每個人對身體空間的需求不盡相同，對於什麼是合適的身體接觸，也有不同的看法。這些界限因環境、我們與他人的關係，以及我們的感受度而不同。但我們可以告訴他人我們對於個人空間和身體接觸的偏好。

違反身體界限的例子

- 身體虐待。
- 強迫擁抱、親吻或握手。
- 站得太近。
- 在公共場合牽別人的手，即便對方明確表示不喜歡公開表達愛意。
- 以他人認為不適當的方式觸摸別人的身體。
- 閱讀他人的日記或其他形式的侵犯隱私行為。

設定身體界限要這麼說

「我比較喜歡握手，不想要擁抱。」

「請往後退一點。」

「我不喜歡公開放閃（Public Displays of Affection, PDAs）。我比較希望把這部分留到回家後再說。」

「我已經叫你不要幫我按摩背了，這讓我感覺很不舒服。」

「這些是我私人的文字，請你不要看，這侵犯了我的隱私。」

尊重身體界限的幾種方法

1. 向他人口頭表達你對物理距離的需求。
2. 向他人清楚表明你對某些類型的身體接觸（如擁抱）的不適感。

但是，請記住，你的界限是不斷變化的。隨著你在生活中的需求改變，你在人際關係中的期望也會發生變化。所以，如果你與某人互動後感覺不舒服，這可能是一個信號——你需要設定身體界限。比方說，過去你讓你認識的人擁抱，但是現在被這個人擁抱的時候，卻忽然發現自己很不自在，那麼你有權利告訴他你不想再被擁抱。

性界限

未經同意觸摸任何人的身體，是絕對不行的；兒童則是不具備同意性行為的能力。未經明示的許可而觸摸、發表有關性的評論或進行性行為，都是違反性的界限。絕對不能將兒童置於任何有關性的場合，甚至在他們面前進行性的討論。由於兒童無法溝通性的界限，成人必須堅持只和孩子以適當的行為互動，不像其他界限需要說出來才能被理解。很多性的界限都是不言而喻的，因為那違反了社會的規範，包括強姦、毆打和騷擾。

違反性界限的例子

- 性虐待、毆打或騷擾。
- 關於某人外表的性評論。
- 以暗示性行為的方式觸摸。
- 性暗示。
- 講黃色笑話。

設定性界限要這麼說

「你對我外貌的評論讓我覺得不舒服。」

「我不想和你有性關係。」

「把你的手從我腿上拿開。」

「住手。」

「你的評論並不好笑，這是不恰當的性話題。」

尊重性界限的幾種方法

1. 報告你遭遇或目睹的性不當行為。
2. 不要為不良行為找藉口。

智識界限

智識的界限是指你的思想和想法，你可以自由地對任何事情有自己的看法，而當你表達你的意見時，你的話不應該被斥責、輕視或嘲笑。

然而，注意在特定的情況下，哪些話題是合適的與不合適的，是另一種尊重智識界限的方式。艾莉克絲還小的時候，她的父親就告訴她，她的母親外遇。雖然這個資訊是真實的，但是艾莉克絲年紀尚輕就知道這些，並不合適。當父母與孩子進行這樣不恰當的對話，這種行為就是違反智識界限。

違反智識界限的例子

- 因信仰或觀點而責罵他人。
- 意見不同時大吼大叫。
- 嘲笑別人的觀點和想法。
- 因意見不合而斥責某人。
- 在孩子的母親／父親面前貶低另一方。
- 告訴孩子他們在情緒上無法處理的問題。

設定智識界限要這麼說

「你可以不同意，但不要用刻薄或粗魯的方式。」
「我不認為這是一個適合跟孩子進行的對話。」
「你再提高嗓門，我就不跟你說話了。」

「那個玩笑很刻薄，我很不高興。」
「我剛說了幾句話，你就把我打發了，為什麼？」

尊重智識界限的幾種方法

1. 如果你是父母，不要和你的孩子討論成人的事情。
2. 要尊重與你不同的人。

情感界限

當你分享你的感受時，期待別人支持你是合理的。然而，對一些人來說，表達情緒並不容易。因此，當有人輕視你的情緒或無視你的感受時，他們正在侵犯你的情感界限。這可能讓你下次想表達自己的情緒時，感到不舒服。

艾莉克絲試圖告訴父親她的感受，但父親一再拒絕她，或者僅僅告訴她該如何感受。最後她不再和他分享心情，也開始不相信自己的情感。她想知道，「為這件事感到悲傷是對的嗎？」為了尋求驗證，她轉而詢問朋友她的感受是否合理。由於艾莉克絲的情緒界限被侵犯了，她對別人的意見感到麻痺，如果沒有從其他地方得到回饋，她就不相信自己。

有了健康的情緒界限，你就可以慢慢地向他人表達你的感受和個人資訊，而非立即全盤托出。這也意味著你只在合適的時候分享，而且你會小心選擇你的知己。在Instagram的一項調查中，我問道：「你有沒有和別人分享過朋友的祕密？」百分之七十二的人說有。我收到了幾個訊息，解釋他們為什麼會這麼做。以下是其中幾個原因：

1. 祕密的負擔太重。
2. 有安全疑慮。
3. 「我無法保守祕密。」
4. 「我什麼都告訴我的伴侶。」

✚違反情感界限的例子

- 分享得太多、太快（過度分享）。
- 與兒童分享不恰當的情感資訊。
- 傾倒情緒／過度宣洩。
- 逼迫別人分享他們不願意分享的資訊。
- 無視別人的感情。

- 告訴別人該如何感受，比如：「你不應該為這件事傷心。」
- 把事情的影響降到最低，比如：「這不是什麼大不了的事。」
- 催促別人快速走出複雜的感情。
- 八卦他人的生活細節。

設定情感界限要這麼說

「當我和你分享事情時，我希望你能保密。」

「我覺得分享我的感受很不舒服。如果你用點頭的方式表達回應，我會感覺好一點。」

「聽說你有很多事情，我覺得我的能力不夠幫助你，你有沒有考慮找心理治療師談談？」

「談那個話題我會覺得不舒服。」

「你不能告訴我我應該要有什麼感覺，我的感覺是合理的。」

「我會慢慢處理我的感受，不要催促我繼續前進。」

「在任何情況下，我都可以感受我自己的感受。」

尊重情感界限的幾種方法

1. 詢問他人是否希望你只是聆聽，或者他們需要回饋。這樣能幫助你確定是否提供建議。
2. 只與你信任的人分享，他們可以真正為你的情緒保留空間。

物質界限

物質界限與你的財產有關。你的東西是你的東西，如果你決定分享你的東西，這是你的選擇，你也有權決定別人如何對待你的財產。如果你借給朋友很新的工具，期待他以同樣的狀態歸還，是合理的。當人們歸還的物品是很糟糕的狀態，就是侵犯了你的物質界限。

違反物質界限的例子

- 使用物品超過約定歸還的時間。
- 從不歸還所借的物品。
- 未經許可將借來的物品借給他人使用。

- 損壞財物並拒絕支付費用。
- 歸還狀況不佳的物品。

設定物質界限要這麼說

「我會借你錢，但是我希望你在週五前全數歸還。」
「這個週末我不能把車借給你。」
「一定要把我的工具完好無缺地還給我。」
「我不能借錢給你。」
「我可以把西裝借給你，但是如果你把它弄髒了，你要付乾洗費。」

尊重物質界限的幾種方法

1. 不要把東西借給那些已經證明不會尊重你的財產的人。
2. 坦言你對自己財產的期望。

時間界限

根據我的經驗，在這六個類型中，時間常是人們最糾結的界限領域。時間界限包括：你如何管理時間、如何允許別人使用你的時間、如何處理人情請求，以及如何安排你的閒暇時間。有這些問題的人，不懂得自我照顧和優先考慮自己的需求，難以取得工作與生活的平衡。把時間給別人，是你可能違反時間界限的主要方式，如果你沒有時間做你想做的事情，就不會有健康的時間界限。

違反時間界限，以及此界限被他人侵犯的例子

- 非緊急情況下奪命連環叩。
- 期待別人放下一切來幫忙。
- 在深夜或對方睡眠時打電話或發送訊息。
- 要求別人免費做事。
- 過度承諾。
- 與消耗情緒的人進行長時間的交談。
- 在對方明明沒有時間的時候，要求對方幫忙。
- 要求別人在沒有加班費的情況下加班到很晚。
- 接受不會回報的人的請求。

✚設定時間界限要這麼說

「我今天不能待到很晚。」

「我的工作時間是從九點到五點，所以我白天都沒有空聊天。」

「這個週末我不能幫你。」

「我可以幫你報稅，但我的費用是兩千元。」

「週二我不能去參加你的活動了。」

✚尊重時間界限的幾種方法

1. 在答應一個請求之前，檢查你的行事曆，以確保你沒有過度承諾。不要試圖多排一項活動或任務，否則你會感覺很糟。
2. 在你忙的時候，讓電話轉到語音信箱，不讀訊息或郵件，直到你方便回覆為止。

練習

拿出你的日記本或一張紙，完成以下的練習。

當界限被侵犯時，關鍵是要進行對話，談談發生了什麼事，以及你的感受。我們無法控制別人，所以必須注意如果違反界限的情形再次發生，我們會說些什麼，或者採取什麼行動。

下面是每一種界限的例子，閱讀這些狀況，並想想你在每種情況下會做什麼或說什麼。

身體界限的例子

你的同事在你忙著完成一項工作時，進入你的辦公室隔間。當你沒有回應，同事卻堅持待在你的辦公桌旁並往你靠過來。

想想在這種情況下，你會做什麼或說什麼來設定界限。

性界限的例子

你朋友的丈夫談論他的性能力，然後開始發帶有挑逗性暗示的短訊給你，這讓你感到不舒服。

想想在這種情況下，你會做什麼或說什麼來設定界限。

智識界限的例子

你剛剛結束了一段長達十年的友誼。你跟你的伴侶分享你的悲傷，他說：「你還有其他朋友，忘掉吧。」

想想在這種情況下，你會做什麼或說什麼來設定界限。

情感界限的例子

你告訴你的朋友一個祕密，你的朋友把這個祕密告訴另一個朋友。

想想在這種情況下，你會做什麼或說什麼來設定界限。

物質界限的例子

有個朋友要向你借一件襯衫。上次你借給她一件洋裝，歸還的時候衣服上有個洞。

想想在這種情況下，你會怎麼做或怎麼說來設定界限。

時間界限的例子

你的工作正面臨截止日期，此時你的一個團隊成員請你幫忙他們的一個案子。

想想在這種情況下，你會做什麼或說什麼來設定界限。

5

侵犯界限的情況

人們不一定要喜歡、同意或理解你的界限才能給予尊重。

潔美和男友交往的第一年，每天多數時間都和對方在一起。他們會談論未來，一起旅行，鮮少吵架。而且他是一個善於聆聽的人。

但是，要是他們哪天過得不愉快，他就會立即收回他的關愛，而這會讓潔美更加渴望他。幾天以後，他總會說一大堆好聽的話來哄她。

「他大部分時間都很好，」潔美告訴我，「但有時會變得情緒化，對我百般挑剔。當我不給他想要的東西，他就會對我冷處理和賭氣。」潔美希望得到的幫助是，讓她了解她能做些什麼來改善他們的關係。

在五次諮商中，她談到自己想找到方法更理解對方、臉皮更厚，並且學會對他們的關係有益的溝通方式。我教了她一些溝通技巧，但是她說：「沒有一樣有效。」

潔美責怪自己不明白男友想要什麼，認為自己是這段關係出問題的主要原因。

在我知道她很放心找我諮商後，我問她：「有沒有可能妳的男朋友在溝通的問題上也有責任？」

潔美很快就為他辯解：「他的溝通能力很強。他告訴我他真正需要什麼，但我做得不對。」

「他有沒有舉例說明他想要妳做什麼？」

「沒有，但是我根據他說的話，知道他想要什麼。」

在她描述了他們之間的典型對話模式之後，潔美才承認，她經常被放在一個「永遠也做不好任何事」的位置上。例如，她的男友可能會這樣要求：「我希望妳多在家做飯。」當她做好飯了，他會說：「我不喜歡這麼晚吃飯。妳為什麼不早一點煮呢？」

潔美試著早點做飯，但他又會抱怨她煮的菜。「妳不聽我的話。」他會這麼說。

潔美把對方的話都聽進去了，但她很困惑。男友混雜的訊息讓她一直在猜測自己應該做什麼，她已經失去了她需要的、期望的，以及會接受的事物，因為她總是努力取悅他。

之後，我們進行的協談，重點在於這段關係中「違反界限」的問題。

「微界限」和「重大界限」的侵犯行為

界限的侵犯分為兩類：「微界限」和「重大界限」。

侵犯微界限，指的是日常生活中經常發生的小型違規行為，與長期關係不同，對於小型違反界限的行為，我們通常不會受到嚴重的情緒影響。這類違反界限行為不會蔓延到我們一天當中的其他時間，因為我們不會把這類情況看得很嚴重。然而，如果這類行為反覆出現並持續存在，微界限會隨著時間而變得更加重要。

侵犯重大界限，則是指重大的違反界限行為，它會侵蝕我們與他人的關係結構。這種侵犯以長期的、持續的頻率發生，甚至可以改變關係的結構。

侵犯微界限的例子

1. 你在雜貨店結帳的時候，注意收銀員的態度。對方和你說話的時間很短，而且很有攻擊性地把食物裝袋。
2. 你參加一個聚會，有個陌生人向你走來，開始聊天。三十分鐘過去了，這段時間你了解關於這個人的很多事情，你覺得你都可以寫一本關於他的書了，但是你連說一個字的機會都沒有。

3. 你告訴你的同事，你無法參加他們的生日派對。他們說，你來對他們有多重要，其他人也都會來。你的同事可能真的很希望你去，但他們是用讓你內疚的方式，試圖操控你，使你去參加聚會。

侵犯重大界限的例子

1. 你的姊姊幫你打理生活中的一切，若不和姊姊商量，你就無法做決定。
2. 你朋友的酗酒已經成了你的問題，要你來管理，而且每次他們復發的時候，你都覺得有必要去幫忙。在外面聚會時，你禁絕喝酒，因為你知道自己需要照顧朋友。
3. 你堅信在關係中的一切問題都是你的錯。你的伴侶有很多問題，而你需要表現得更好，才不會踩地雷。

有了幾個例子，以下讓我們更深入了解這兩種界限的侵犯。

侵犯微界限（簡稱微侵犯）

微侵犯是很微妙的，在任何關係中都可能發生，包括被動攻擊性行為，旨在傳達對他人的不滿、隱藏式訊息或憤怒。不管是有意還是無意，微侵犯都傳達出負面意義。

在戀愛初期，潔美的男友對她說話總是帶有一些小批評。每當她講錯一個單字或片語，他就會指出來。她並沒有多想，直到這成為他們對話中一個持續出現的問題。後來，當他們的關係變得不穩定時，他用潔美的措辭作為例子，說她溝通能力不佳。

微侵犯常見於種族或ＬＧＢＴＱＩ＋（非異性戀、性少數族群）偏見的事上，但不限於貶損行為或只基於種族、性別或性偏好的批評。

微侵犯實例

種族主義（以種族為由對人進行負面批判或貶損）

一名白人女子在電梯裡，一名黑人男子進了電梯；她緊抓自己的錢包。

底層的問題：相信黑人是危險的。因此，他們出現沒有好事。

身體羞辱

麗蓓嘉的體重增加了五公斤，她的母親告訴她：「給我寄一張照片來。」母親看過照片後這樣回應：「妳的臉真可愛，胖嘟嘟的。」

底層的問題：麗蓓嘉的體重增加了，而她的母親有肥胖恐懼症。

種族偏見（基於種族的假設）

凱文是一名黑人，他被邀請參加辦公室的節日聚會，與會者大部分是白人同事。簽到表被傳來傳去，凱文注意到，有人要他自願帶炸雞。

底層的問題：種族偏見。

性別偏見

緹娜是公司的CEO，她經常被貼上「霸道」的標籤，但她的對等男性主管則被描述為有影響力的領導人。

底層的問題：認為身居要職的女性有態度問題。

LGBTQI+偏見

凱文帶著他的伴侶參加辦公室的節日聚會，他的同事說：「我不知道你是這樣的，你不像是同性戀。」

底層的問題：認為男同性戀會表現出女性化的一面。

侵犯微界限的人認為這是無害的；然而，這是一種有害的表達，代表背後深層的信仰系統。雖然看起來沒什麼，但影響卻很大。

如何應對微侵犯

1. 主動處理你認為已侵犯了微界限的言論，例如：「我注意到你說我感覺起來不像黑人。那是什麼意思？」
2. 建議合適的行為。例如，當別人說緹娜「霸道」，緹娜可以指出她只是很有主見，並且願意領導。

過度分享

當我們分享資訊的時候，是在努力與另一個人建立連結。然而，過度分享是在不對的場合對人透露不恰當的資訊、披露他人的隱私，或是在還沒有建立足夠親密的關係中提供深入的個人細節。

過度分享者通常不知道自己已經走太遠了。以我為例，人們在社交場合常對我過度分享，有時候只是因為我看起來有興趣，允許他們說話而不加以打斷。但我認為，這通常因為我是心理治療師，會散發一種「我喜歡聽問題」的能量。我確實很喜歡聽別人分享，但在社交場合可能會很尷尬。

過度分享的例子

不恰當的語境

你被指派培訓一名新員工。你的新同事不學習工作相關的知識，反而談起她前夫的問題。

底層的問題：在這種場合，這些個人資訊不適合說給身為培訓師的你聽。

別人的資訊

你朋友的大學室友來訪，你們三個人一同外出。你的朋友去洗手間時，她的室友告訴你，你朋友之前曾做過人工流產。

底層的問題：你朋友的室友分享了別人非常私人的資訊。

深入的個人資訊

買菜的時候，梅根問收銀員：「你今天好嗎？」收銀員開始向梅根敘述她和男友因為他與前女友的性生活而爭吵。梅根站在那裡聽故事，感覺很緊張，而且不舒服。

底層的問題：收銀員披露非常個人化的資訊，不適合這種類型的互動。

過度分享者通常不知道他們如何影響他人，侵犯了界限。為了建立連結和親密感，他們提供了太多的資訊。過度分享者往往會忽略他人的非語言提示，亦即談話內容已經超過尺度。

處理過度分享的方法

1. 輕輕地將對方轉移到更合適的話題上。
2. 堅定地說：「哇，這似乎是很重要的談話，我們應該再找時間進行。」
3. 也可以說：「我覺得我沒有能力解決這種情況。你介意我改變話題嗎？」

感到內疚

潔美嘗試與男友討論他們的溝通問題，對方的回應是，她在溝通她的需求上有障礙。他認為她以前的感情出了問題，是由於她的溝通能力不佳。潔美開始深信自己才是有問題的那個人，所以，她覺得跟男友提起這個話題很可怕。

利用內疚感促使別人做某件事，是一種操縱性策略。有些人會指責你，希望你有不好的感覺（即使他們指責你的可能是莫須有），進而讓你順從或同意某件事。

感到內疚的例子

結束有毒的關係

羅伯的父親經常辱罵他，於是他想結束父子關係。然而，即便他在自己的家中，也受到社會監督。他的家人和朋友都不同意他終止這份不健康的關係。他的姊姊說：「他是你爸爸，你必須和他談談。」

底層的問題：羅伯的姊姊低估了當關係不健康時，設定界限的重要性。

缺乏對某些人際關係的興趣

艾咪知道她的老闆是個「惡女」，當她的老闆邀請她下班後去喝酒時，艾咪拒絕了。她的同事告訴她：「妳至少可以出去喝一杯就好。」

底層的問題：艾咪的同事沒有足夠的自信拒絕上司。

明確說出你的喜好

你決定帶一些食物去即將到來的家庭聚會，因為你知道自己飲食偏好跟其他人不同。你的表姊說：「你為什麼需要特殊飲食？難道這裡的食物不適合你嗎？」

底層的問題：你的表姊在質疑你的喜好，並暗示你應該改變。

不討好別人

卡拉在高中同學會聚餐時說：「我不想結婚，也不想生孩子。」她的朋友派蒂說：「每個人都應該有孩子。妳為什麼不想結婚？」

深層的問題：派蒂試圖把她的價值觀強加給卡拉。

說「不」但不做解釋

一個朋友問你：「嘿，你能幫我搬家嗎？」你回答不行。朋友問：「為什麼不行呢？我需要你的幫忙。」有的時候，解釋是可以的，只是要注意對方過去聽你解釋時的反應。如果他們接受了解釋就不再追究，那麼請你大可提供一個簡短的理由。如果你的解釋造成意見不合，要簡短回覆。

底層的問題：人們希望你給一個他們認為合理的理由。

利用內疚感的人，是想滿足自己的需求，但這可能會違反你對自己的要求。

✚ 處理內疚感的方法

1. 把它說出來：「你是不是想讓我對我的決定感到愧疚？」

2. 讓談話圍繞著你，而不是他們：「這不是針對你個人，只是我自己的偏好。」
3. 表明你已經做出決定：「你的反應好像是想要改變我的想法。」

侵犯重大界限（簡稱重大侵犯）

破壞關係結構的侵犯界限行為，屬於重大侵犯。雖然侵犯行為是關係互動中經常發生的，但諸如糾結（enmeshment）、共依存、創傷羈絆、反依賴（counterdependency）等侵犯重大界限的行為，都會造成長期傷害。

糾結

在糾結的關係中，個體化是不被接受的，界限也一樣。這類關係的發展基礎是一方和另一方非常相似。如果一個人嘗試設定界限、創造新的角色，或是改變關係動態，這段關係就會有終止的危險。

✚ 這就是糾結

- 在關係中無法與對方不同。

- 缺乏個體意識。
- 與他人分離時，自我意識不明確。
- 缺乏界限。
- 對在一起的時間**數量**與相處時的**品質**感到困惑。
- 過度分享。
- 把對方的情緒當作自己的情緒來吸收。
- 如果你嘗試塑造個體意識，就會被對方拒絕。

糾結的關係侵犯下列界限

- 鮮少給予對方個人情感上或身體上的空間。
- 兩個人的思想必須一致。
- 生活上的決定是基於雙方共同的意見，而不具有獨立的思想。

臨床社會工作者雪倫・馬汀（Sharon Martin）將糾結定義為：「家庭關係的界限薄弱，缺乏情感上的個別性，對支持或關注的侵略式要求，都會阻礙家庭成員發展堅強而獨立的自我意識。」家庭關係、交往關係及工作關係，都可能陷入糾結狀態。

糾結的例子

你開始和某人約會，無時無刻不膩在一起。他的喜好變成你的喜好，你也很少跟朋友聯絡。

你很確定你想買一間房子，但跟父母談過之後，你改變了主意。你的父母永遠知道什麼對你最好。

你朋友和她的伴侶有問題，她總是叫你來幫忙解決。你甚至被請來和她的伴侶談談，你和她認為怎麼樣對他們的關係最好。你希望她開心，因此心甘情願幫助他們。

如何處理糾結

- 如果你同意幫忙，就請問對方未來打算要如何處理問題。
- 在關係中保留實體的空間。
- 評估你與另一個人持續接觸的需要。
- 讓其他人加入，以創造更多的支持。
- 在你分享之前，先問問是否是合適的時間和環境。
- 重新取得或創造你的自我身分，獨立於其他人的身分之外。

共依存

在共依存的關係中，我們相信自己必須幫助別人，使他們免於不愉快的經驗。我們認為保護他們是我們的責任，但這其實並非保護，而是在支持另一個人繼續不健康的行為。我們把這個人視為弱者，沒有我們就無法照顧好自己。

「共依存」這個詞已經存在幾十年了，經常被用來描述失調的家庭關係動態，特別是當涉及到關係成癮時。但是，共依存適用於任何一種關係。在這樣的情況下，人們與對方的情感是糾結的，很難把自身的感受與別人的區分開來。

共依存是善意的，但我們之所以痛苦，是因為我們自己的需求往往得不到滿足或被忽視。事實上，作為共依存者，我們很難區分我們的需求和對方的需求。

賦能（enabling）是共依存關係的重要組成部分，它包括因行動或不行動而支持某個人的不健康行為。共依存通常是由於不健康的界限所產生。

這就是共依存

- 讓自己承擔過多責任。
- 避免討論實際問題或困難。

- 清理別人的爛攤子。
- 為他人的不良行為找藉口。
- 只顧別人的需要而忽略了自己的需要。
- 為別人做事，而不是幫助他人能自己做事。
- 照顧某個有偏差行為的人。
- 感覺好像別人發生了什麼事，就是發生在你身上。
- 把別人的問題當作自己的問題來陳述。
- 很難在關係中不成為「拯救者」。
- 總是先為別人排憂解難，才考慮自己的問題。
- 讓別人以不健康的方式依賴你。
- 處於單方面的關係。

在共依存的關係中，一方或雙方都極度依賴對方而存在。因此，共依存往往導致怨恨、倦怠、焦慮、憂鬱、孤獨、枯竭，以及嚴重的心理健康問題。陪伴不會照顧自己的人非常辛苦，共依存的關係對雙方都是有害的。對「賦能者」來說，他們自己的需求從未或很少被滿足；而對「被賦能的人」而言，他們沒有學會如何滿足自己的需求，因此兩人在共依存的關係中一起變壞。

令共依存型的人痛苦的，是不健康的界限、自尊問題、討好他人的習慣與控制的需求。經由幫助有問題的人，他們能獲得一種成就感。

上大學的時候，我很喜歡看電視實境秀《干預》（*Intervention*）。這個節目是關於家庭和朋友如何試著說服他們有毒癮的親友尋求專業協助。這些人通常會在節目中談到，他們透過提供金錢或住處等方式，讓上癮者繼續吸毒。

在某些情況下，他們甚至承認曾讓吸毒者在家裡吸毒——他們覺得這樣比較安全。節目進行到一半時，朋友和家人去見一位戒斷教練。教練表示，想拯救自己的家人，必須停止共依存。教練鼓勵他們設立健康的界限。

共依存的例子

你和朋友出去的時候，你知道他們會喝醉，所以你不喝酒。你請朋友喝酒，是因為你知道如果你不這樣做，他們會不高興。朋友喝多了，你會開車送他們回家，整夜陪著他們，確保他們沒事。你擔心他們喝酒的問題，雖然他們似乎並不在意。你看到他們的行為所帶來的後果，想試圖拯救他們。

你觀察到你的妹妹對金錢管理不善，以至於她無法為她十幾歲的孩子提供經濟支援。所以，你成為外甥和外甥女的代理父母，他們有需要購買的東西時，會打電話給你，因為他們知道他們的媽媽會說不行。你不希望他們因為媽媽的財務問題而受苦，因此你總是答應幫忙。

如何處理共依存

- 對你能給予對方的幫助設定明確的期待。
- 提供回饋，說明對方的行為怎樣影響了你。
- 支持他人而不須為他們做事。
- 等人們向你求助，而不是在他們詢問前提供幫助。
- 在關係中，你可以容忍和無法容忍的事情有哪些？做出聲明，並且尊重你對自己的承諾。
- 大聲說出你觀察到的有毒行為。
- 照顧好自己。
- 讓人們對自己負責。
- 在幫助別人的同時，教別人如何自助。

創傷羈絆

創傷羈絆是情感和智識界限被侵犯的結果。隨著時間過去，一個人的思想會被操縱，以至於相信發生在自己身上的事情，是自己應得的。他們認為他們遭遇的事情是意外，或對方並非刻意傷害他們。

創傷羈絆可能發生在朋友關係、感情關係或家庭關係中。

✚這就是創傷羈絆

- 被逼著相信一切都是你的錯（情感操縱）。
- 分手後又重新回到不健康的關係中。
- 為對方對你的不良行為找藉口。
- 感覺自己無法擺脫一段有毒的關係。
- 從苛待到善待又回到苛待，不斷循環。
- 不告訴別人你在關係中受到的待遇，因為你怕他們會認為那是虐待。
- 不能挺身面對虐待你的人。

創傷羈絆的例子

潔美把感情中的問題歸咎於自己。她知道她的男友有問題，但每當他爆發的時候，她就會把錯誤往自己身上攬。她不敢和朋友分享她的感情問題，因為怕他們會批判她和她的男朋友。

你的父親在言語上很有攻擊性，他說因為你不聽他的話，所以導致他生氣。言語攻擊之後，他變得很親切，還買小禮物給你。

你的朋友在你其他朋友的面前對你很凶。你知道他在社交場合很不自在，所以你就不把他的行為放在心上。你認為他態度不好只是因為他覺得不舒服。

如何處理創傷羈絆

- 明確說出你期望別人如何對待你。
- 當別人說了刻薄的話，或做些讓你感覺不舒服的事情時，立刻制止他們，告訴他們：「你說的話讓我感到不舒服。」
- 只與你信任的人分享你的關係問題。
- 當你注意到一種模式正在形成時，儘早採取行動。

反依賴

當我們為了與人保持情感上的距離而制定嚴格的界限，就會發生反依賴。反依賴會損害對他人的依附，因為你在試圖避免連結，即使你們的關係是健康的。

這就是反依賴

- 難以展現脆弱。
- 無法尋求幫助。
- 不習慣接受他人的幫助。
- 對他人的生活不感興趣。
- 比較喜歡自己動手做。
- 害怕與他人親近。
- 情感有距離。
- 當人們展現脆弱時，很快就覺得不知所措。
- 事情變得嚴重的時候就會把人推開。
- 持續的孤獨感。

反依賴的例子

你遇到一個不錯的人，並與他約會了幾次，一切似乎都很順利，但你莫名其妙消失了，因為對方說他很喜歡你。

你的朋友在你生日時，送你一張很有愛、很溫暖的卡片，但你沒有告訴對方這張卡片給你的感受。

如何處理反依賴

- 練習與他人分享你的生活細節。
- 告訴別人他們帶給你的感受。
- 尋求幫助。
- 接受別人提供的幫助。

在本章，我們探討了輕微和重大程度的界限侵犯，這在任何類型的關係（同事、朋友、家人、戀愛對象和陌生人）中都有可能發生。各種侵犯行為的嚴重程度不一，當一個陌生人侵入你的物理空間，一次可能還不算嚴重，但舉例而言，若你的同事一再侵犯你對實體空間的需求，這就是大問題了。

重要的是，不要為別人對你的態度負責任，也不要為他們的行為找藉口。他們如何對待你是他們的事，跟你是誰無關。

練習

拿出你的日記本或一張紙，完成以下的練習：

- 你認為當你建立了健康的界限，人生會有什麼不同？
- 你在哪些關係中建立了健康的界限？
- 你可以採取哪些具體行動來改善你的界限？

辨認並溝通你的界限

你不需要毫不設限才能被愛。

從艾瑞克有記憶以來，他的父親保羅就是個酒鬼，家裡的每個人都為他喝酒找藉口。艾瑞克的母親會說：「你知道他不是故意的。」甚至替他在家裡留幾瓶酒，儘管她自己並不喝。在家庭聚會上，雖然他的行為總是散漫、吵鬧、令人尷尬，但是大家還是跟他一起喝酒。

艾瑞克已經厭倦大家對父親的酒癮視若無睹，因此他來找我，想學習如何解決這個問題。艾瑞克告訴我，保羅幾次嘗試戒酒失敗，大多是因為他的工作壓力。保羅出了勒戒所，剛開始幾個星期維持得不錯，後來又故態復萌。

艾瑞克感到內疚，因為在他二十歲前後，常和父親一起喝啤酒。可是，二十五歲時，艾瑞克不再想和他一起喝酒了，因為父親總是喝過頭。

在我們最初的幾次談話中，艾瑞克提到他的家庭生活是可怕、不可預期的。保羅喝醉時，會變得異常憤怒、口不擇言，艾瑞克永遠不知道他的父親下班回家後會發生什麼事。他試著不惹到父親，因為他看過他哥哥站在保羅面前想對抗他，結果發生了幾次激烈爭吵。

小時候，艾瑞克曾問父親：「你為什麼要喝這麼多酒？」「酒精是我的朋友。」這是保羅的回答。

當我問到艾瑞克目前與保羅的關係時，他說保羅在跟他說話時，話題永遠在自己身上。艾瑞克會主動關心保羅的工作，問他是否吃過飯了，但保羅卻經常重複自己的話，一遍又一遍說著同樣的故事。偶爾，保羅會把艾瑞克叫來，大發雷霆，口出狂言。艾瑞克不明白這些憤怒到底從何而來。

當他的母親繼續為丈夫找藉口時，艾瑞克和她的關係也惡化了。他無法向她坦誠，因為她總是站在保羅那邊。

在艾瑞克試圖改善與父母的關係時，他沒有做的一件事，就是跟他們設定界限。他以為只要告訴母親「我不喜歡爸爸喝酒」就能設定界限，並偶爾對他父親的電話置之不理。但我溫柔地向艾瑞克解釋，這些都是被動攻擊的做法。

把事情告訴一個沒有立場解決問題的人、被動地設定界限，是一種「間接的」表達。艾瑞克沒有直接對保羅表達他的期望與擔憂，以為保羅會聽懂暗示，但其實保羅依然毫無頭緒。這讓艾瑞克倍感挫折。

溝通界限失敗的四種情況

✚被動的

當一個人被動的時候，他們會有這樣的想法：「我不願意和別人分享我的需求，因此，只有我自己知道。」

採取被動就是否定、忽視自己的需求來讓別人感到舒服。以被動方式溝通的人，擔心別人如何看待他們，所以乾脆不做任何事情來滿足自己的需求。

被動的例子

- 有問題存在，但什麼都不說。
- 允許別人做和說你不同意的事情。
- 忽略會踩到你地雷的事情。

艾瑞克感到挫折，因為母親沒有對父親的酗酒表示任何意見。她忽略他喝醉酒的事實，並試著讓艾瑞克和他的哥哥也這樣做。在家庭聚會時，就算保羅說話含糊不清，也很容易動怒，她還是想讓保羅跟大家一起聊天。

攻擊性的

當某人咄咄逼人時，他們可能會說或暗示以下內容：

「我需要你知道你讓我有什麼感覺。」

攻擊性溝通就是用嚴厲、咄咄逼人或苛刻的言行攻擊他人，而不是把需求或期望說出來。攻擊性的要求例如：「我想讓你看看你讓我多不爽。」當一個人充滿攻擊性的時候，他們沒有考慮到自己的行為帶給別人的觀感。以行為和言語侮辱或攻擊來恐嚇別人，是非常令人反感的。

攻擊性的例子

- 用貶低別人來表達自己的意思。
- 用吼叫、罵人和咒罵作為表達意見的策略。
- 用過去的事來羞辱人。
- 吵鬧、死不認錯（惡人先告狀，捏造「事實」）。
- 直接面對面挑釁。

• 用尖酸刻薄的幽默嘲諷人，例如：「你好胖！你知道我只是在開玩笑，別那麼敏感。」

與艾瑞克相反，他的哥哥對父親很有攻擊性。哥哥和別人提到保羅時，會說他是個酒鬼；從小就用吼叫直接反抗他的父親；成年後，他會發起叫罵比賽——翻舊帳是他貶低父親的其中一種方式。

每當艾瑞克試著和哥哥談論這種攻擊性的行為時，哥哥會說：「我是跟爸爸學的。」隨著保羅漸漸年邁，他變得沒有那麼嚇人，只是偶爾會羞辱他的兒子們。

被動式攻擊

當有人採被動式攻擊時，他們大致會這樣想：「我會表現出我的感覺，但我會否認我的感覺。」當人們表現出被動攻擊時，通常是無意識的。人們並不完全明白自己行為背後的原因。

在諮商的十多年裡，我發現被動式攻擊是人們溝通感情和需求的最主要方式。當人們描述他們的被動攻擊行為時，我會說：「所以你沒有溝通你的需求，但是已經表現出來了？」問題是，別人無法根據我們的行為來猜測我們的需求。他們可能不知道我們的行為意味著什麼，甚至沒有注意到我們正試圖傳達一些新的訊息。其實，我們的欲望和想法，只需要用言語說出來就行了。

被動式攻擊是我們抗拒直接設定界限的一種方式。為了避免對抗，我們希望對方知道自己做錯了什麼，並且透過我們的間接行動自行修正錯誤。然而，我們無法藉由假裝不在意和避而不談，來得到我們想要的東西。間接的方式是適得其反的，因為我們的需求不會得到滿足，只會讓我們在與他人的互動中更加挫折而不堪負荷。

被動式攻擊的例子

- 看起來不高興，但又不肯承認。
- 發動與當下情形無關的言語攻擊。
- 無緣無故情緒化（經常發生）。
- 提起過去的問題。
- 只針對問題抱怨。
- 八卦你可以解決但不想去解決的事情。

艾瑞克大多採取被動式攻擊。他會向母親哀嘆父親酗酒，但除了小時候問過的問題以外，他從來沒有直接向保羅提過。艾瑞克有時不接父親的電話，但保羅無從得知這是因為兒子不高興。保羅很可能認為艾瑞克只是太忙了，沒有時間接電話。艾瑞克以為他已經設定了界限，但其實沒有。

✚操縱

當有人使用操縱手段時，他們會說或做一些事情，希望讓對方感到內疚，並按照操縱者的要求去做。

「我會間接地說服你做我想做的事。」

當我聽到「說服他們去＿＿＿＿」、「讓他們＿＿＿＿」，或者「勸他們去＿＿＿＿」這樣的話時，我注意到這會「讓人有內疚感」。

的確，這有時候是有效的。許多成年人和孩子都把操縱當作滿足自己需求的一種方式，他們會懇求，直到說服對方讓步為止。

然而，「操縱」和「達成協議」還是可以區別的。

談判的時候，就算不公平，但每一方都意識到了，也同意去做。對孩子們來說，達成協議可能聽起來像：「如果我很乖地待在學校一天，回家你會請我吃東西嗎？」

對於成年人來說，可能聽起來像：「如果我跟你一起看一部動作片，你能陪我看一部愛情喜劇片嗎？」

而在操縱一個人的時候，被操縱者通常不知道自己被利用了。被操縱的感覺是困惑的，因為操縱者試圖讓另一方感到不安。因此，我們可能會屈服於平常不會同意的事情。

操縱的例子

- 把你和他們之間的問題說成是你的問題（精神虐待）。
- 在最後一刻向你求助，並告訴你他們沒有其他選擇。
- 講一個為了引起你憐憫的故事。
- 遺漏故事的關鍵部分，以說服你支援他們。
- 收起感情，讓你感到不安或改變你的行為。
- 用你和他們的關係作為你「應該」做某些事情的理由，比如「妻子應該做飯」，或者「你應該每天去看你的媽媽」。

保羅藉由「埋怨他的工作壓力有多大，喝酒是唯一能讓他放鬆的方式」來操縱他的妻子。當艾瑞克向母親談到保羅酗酒的問題，她的反應是：「這對他來說太難了。工作很辛苦，他又很敏感。」她為保羅找藉口，因為她可憐他。

自信是正確的方式

當一個人有自信的時候，他們會這樣想：「我知道我的需求是什麼，我會向你表達。」

溝通界限最健康的方式就是自信。與前面提到的所有無效溝通形式相比，自信是指你如何明確而直接地說明你的需求。

自信包括坦白地溝通你的感受，而不攻擊他人。這不是苛求，相反地，是一種令別人聽你說話的方式。

自信的例子

- 對任何你不想做的事情說「不」。
- 告訴別人你對他們行為的感受。
- 分享你對自己經驗的真實想法。
- 立即反應。
- 與其對第三方說，不如直接和與該問題相關的人談。
- 十分明確地表達你的期望，而不是假設人們會猜出來。

努力設定界限，也意味著盡力提高你的自信。不要採用被動的、操縱的、攻擊性的或被動攻擊性的方式，如果你想設定健康的界限，就必須有自信地去做。

如何成功地溝通界限

我非常喜歡電影《麻雀變鳳凰》（*Pretty Woman*）。女主角薇薇安〔茱莉亞・羅勃茲（Julia Roberts）飾〕是一名阻街女郎，男主角愛德華〔理查・吉爾（Richard Gere）飾〕是一個事業成功、極具魅力的男人。兩人因緣際會下墜入愛河，然而外界卻試圖阻止這段萌芽中的愛情。但最終，愛情占了上風，他們排除萬難，從此過著幸福快樂的生活（希望如此）。

薇薇安並沒有因為愛德華非常富有而被嚇倒。她維持自己設定的標準。劇中我最喜歡的台詞之一，是薇薇安說：「我決定跟誰一起，我決定在什麼時間，我決定多少錢。」她設定界限，如果有人不遵守，她會尊重他們，離開那個情境。

想要有自信地、成功地設定界限，請按照以下三個簡單可行的步驟。

步驟一

要清楚明確，盡量坦率地表達。注意你的語氣，切勿大吼大叫或低聲說話。如果使用複雜的詞語或行話，人們會聽不懂。深吸一口氣，集中注意力，準確地說出來。

步驟二

直接說出你的需求或要求，或者說「不」。不要只提你不喜歡的東西，要提出你需要或想要什麼。指出你的期望，或是拒絕他人的提議。

結合步驟一和步驟二的例子

朋友邀請你去參加一個聚會，但你不想去。

「謝謝你的邀請，但我就不去了。」

你聽膩了朋友對工作的抱怨。

「聽著，我知道你的工作令人沮喪。我希望你考慮跟人資部門談談，或透過你的『員工協助計畫』與某人面談，討論你的挫折。」

你的母親向你八卦你哥哥的新女友。

「這樣說她讓我覺得不舒服。我希望妳對她好一點，因為約翰喜歡她。」

你的伴侶經常提起你體重上升的事。

「我不喜歡你說到我的體重，請你停止。」

艾瑞克很難確定他想要設的界限。在談及自己的家庭問題時，他意識到自己不僅需要跟父親設定界限，包括他的母親和哥哥，也需要設立界限。因為他最常和母親說話，所以他從母親開始。他首先對最困擾他的事設定界限：

「當我在談爸爸和我的問題時，我希望妳不要為他辯護。」

艾瑞克在和母親設定界限後，感到有些內疚，他擔心以後和她接觸時會很尷尬。但是，在我們之後的諮商中，艾瑞克說他與母親的關係已經改善了。

他也和哥哥設定了新的界限：「請你停止在家庭聚會時對爸爸挑釁。」起初，他的哥哥否認他有攻擊性，但最後，他們有一段坦誠的對話，談及他們都受到父親酗酒的影響。

艾瑞克知道自己需要更多時間來處理他即將對父親說的話，而這對他來說是最困難的。

✚ 步驟三

面對因設定界限而產生的不適感，是最困難的部分。感到不舒服，是我們想要逃避設立界限最主要的原因。事後感到內疚、害怕、悲傷、悔恨或尷尬是很常見的。

內疚

我最常被問到的問題是：「我如何設定界限而不感到內疚？」內疚是這個過程的一部分。典型內疚感的發生，是因為你認為你正在做的事情是「不好」的，它來自你的內在程式，關於告訴別人你需要或想要什麼的感受。

許多人從出生的那一刻起，就因為有欲望和需求而感到內疚。有些大人照顧孩子的方式，是強迫他們忽視自己的界限。照顧者可能在無意間，強迫孩子去擁抱他們不想擁抱的成年人。當孩子不遵從照顧者的要求時，他們就會被告知「你太壞了」或「這樣不乖」。這就是操縱。大人們常在不知不覺中教導了孩子，該為試著尊重自己的界限而感到內疚。

例如，大人說：「來抱我一下。」孩子說：「我不想給你抱。」大人回應：「嗯，如果你不給我抱抱，我會覺得很難過。」目的就是引起愧疚感。

有些孩子被訓練成「被看到」而不是「被聽到」。他們被教導，索求自己想要的東西或有健康的界限，是不尊重人的。成年後，他們發現自己很難擺脫這種過時的思考方式，結果很可能會被稱為麻煩製造者或難搞的人。

但請了解，提出自己的期望或要求，當然沒問題。說出你的需求是健康的，而且你可以為自己說話而不必覺得失禮。

內疚感並不是對設定界限的限制，而是一種感覺。如同所有的感覺，內疚感會來來去去。盡量不要把內疚當作是糟糕的事。相反地，請把它當作複雜過程中的一部分——只是其中的一個小環節，而不是全部。

那麼，當內疚感出現時，該如何處理？感受內疚。但不要聚焦於它。過度關注情緒只會使之延長。你可以在感到內疚的同時繼續前進。

你曾為某件事感到興奮嗎？當然有。你沒有因此而停止所有其他的事，對嗎？你沒有不去工作，也沒有整天待在床上，你做了行事曆上的全部事項，同時你感到很興奮。你也可以一邊感到內疚，一邊繼續過你的生活。

如果你覺得內疚，這裡有一些提醒：

- 有界限對你來說是健康的。
- 你也尊重別人的界限。
- 設定界限是健康關係的標誌。
- 如果界限毀了一段關係，表示你們的關係早已在結束的邊緣。

最後，如果內疚感困擾著你，可以去做些你最喜歡的自我照顧活動，並做一些接地氣的練習，例如靜心或瑜伽。

恐懼

出於恐懼，我們會假定最壞的情況。有些來找我諮商的人，會說這樣的話：

「他們的反應會很奇怪。」

「我會覺得很尷尬。」

「如果我試著設定界限，他們可能不會再跟我聯絡。」

當然，我們無從得知別人會如何回應，若有人有發怒的紀錄，自然我們會避免跟那個人設定界限。但是，如果我們讓恐懼阻止我們做必須做的事時，就會進一步傷害自己。

當我們告知他人自己的期望時，會擔心該說什麼才是對的。「正確的事」是指用肯定的態度說明我們的需求。

在艾瑞克的案例中，我們曾針對保羅會如何回應做過情境演練。艾瑞克最擔心的情況是——保羅大吼大叫、罵人、撞牆。畢竟，他過去有抓狂的紀錄，而且只是因為一些小事。艾瑞克想不出曾經有任何人對保羅設定界限。

不過，艾瑞克承認，他的母親設了家規，而且父親遵守了。例如在門口脫鞋、不要在家裡抽菸，以及星期天去教堂。父親在工作上、社交場合，以及和其他家庭成員相處時，確實有遵守一些規則。艾瑞克發現，當父親願意的時候，確實能夠尊重界限。

悲傷

「我只是想做個好人。」我經常聽到這句話。感到悲傷，是因為我們假定設立界限會傷害別人的感情，認為他們無法招架，但這些都是假設。

也請記住，你無法猜測別人的感覺，因此請等他們告訴你再說。

有時你感到難過，因為你希望周遭的人能「懂」並且自我修正、了解你的需求——雖然你沒有直接說出來。當有人逼得你非得設立界限，你會覺得自己在這段關係中沒有被關心。

悔恨

「我是不是說錯話了？」我們不知道自己是否太過分、表達得太嚴厲，甚至完全疏遠對方。在我們說明自己的界限之後，可能會立刻想到：「我剛才到底說了什麼？」

的確，話說出口是不能收回的。然而，這可以拯救和改善你們的關係。勇敢地說出你的界限，它會以很多正面的方式改變你的生活。

尷尬

「我們的關係會變得很奇怪。」這也是一種常見的擔憂。請提醒自己：「表現自然就好。」站穩在這個認知上：設定界限並不會讓你變成壞人，而是健康的人。要知道，你已經為自己做了一件好事。請以平常心對待，做你在這段關係中通常會做的事。如果你以前每天會和他聊天，設立界限後的隔天就照常打電話給他。一旦你預期你們之間的互動會變得奇怪，只會造成你尷尬、不自然的語氣，那恰恰是你想避免的。所以，請相信人們會尊重你的界限，並且如此行動。

溝通界限的方法

在目前的關係中

- 確認你在哪（些）方面需要設限。
- 清楚說明你的需要。
- 不要多做解釋或是提供關於你的要求背後的詳細故事。
- 始終如一地堅持自己的界限。
- 必要時重申你的需求。

在新的關係中

- 試著了解別人的時候，在談話中不經意地提及你的需求。
- 開誠布公地討論為什麼滿足你的需求對你很重要。
- 清楚你的期望。
- 當有人第一次侵犯你的界限時，讓他們知道發生了違規行為。
- 重述你的需要。

對難搞的人設限

艾瑞克認為，父親的反應一定會讓他不好受。即使保羅在某些情況下確實有尊重界限，他仍無法說服自己保羅會接受他的重大要求。艾瑞克希望保羅不要在喝醉的時候打電話給他，並且在家庭活動中保持清醒。最後，艾瑞克不想對保羅的酗酒問題視而不見，這等於支持他酗酒。

他決定，第一個界限是告訴保羅不要在酒醉時打電話。他認為，等到違規情況發生時，就是提起界限的最好時機。他絞盡腦汁思考正確的用詞，因為他不想搞砸。他對保羅說：「爸爸，我不想在你喝醉的時候和你說話。請你在清醒的時候再打電話給我，我會等你清醒了再跟你說話。」

隔週，艾瑞克迫不及待和我分享後來發生的事。他既感到欣慰，也有點挫折。當他開口和保羅談起喝酒的問題，保羅就築起防衛心，否認自己喝醉。他說艾瑞克是個騙子，還反過來質問他怎麼敢這樣說自己的父親。艾瑞克很困惑，不知道如何在那樣爆炸性的對話之後繼續下去。

以下幾個例子，說明當你嘗試對別人設定界限時，他們會變得不講理的情況。

✚抗拒

無視於你提到的界限，繼續照他們想要的去做。

✚測試限度

試圖偷渡、操縱，或者繞過你，用你可能沒注意到的方式做他們想做的事。

✚合理化和質疑

挑戰你設界限的理由及有效性。

✚防衛

質疑你說的話或你的性格，或找藉口解釋他們的行為沒問題。

✚冷處理

不再和你說話，因為他們不喜歡你說的話。使用這個策略的目的，是希望你收回你的界限。

在與難搞的人設定界限時，最好事先決定如何處理可能發生的後果。例如，當有人違反你的界限時，你可以：

1. 肯定地重述。
2. 即時糾正違規行為。不要等到機會流失了再提起。要當下就說。
3. 接受他們雖然很難搞，但他們有權利回應，即使與你想要的不一樣。
4. 決定不將對方的反應放在心上。他們想做自己想做的事，一旦要他們改變，對他們來說可能也很難。
5. 管理你的不適感。

艾瑞克決定按照他和父親設定的界限繼續過生活。之後，當保羅又在喝醉時打電話來，艾瑞克就對他說：「你又喝酒了對吧。我晚點再跟你說話。」沒等保羅回應，他馬上掛電話。在他保持一致的態度後，艾瑞克注意到保羅喝醉時打電話給他的情形變少了。偶爾保羅故態復萌時，艾瑞克就重申自己的界限，然後掛斷電話。

適應期

讓人們有時間來適應你的界限。如果你過去曾容忍某些有問題的行為，對方現在可能感到很震驚。他們或許會說這樣的話：

「我以前喝酒從來就不是問題。」

「為什麼你突然變了？」

在調整階段，你很可能需要重複設定你的界限，但盡量不要解釋原因。像信仰般虔誠地維護你的界限，是必要的。若因為不想爭論，或覺得這不是什麼大事而放任違規行為，會把你又拉回原點。

設定界限對你和對方來說，都是全新的體驗，是這段關係中的最新標準。請給雙方適應的時間。

界限聲明：我想要＿＿＿，我需要＿＿＿，我期待＿＿＿

最好的界限是很容易理解的。請用這樣的語句開始：「我想要」、「我需要」或「我期待」。說明界限，會幫助你站穩立場。

「我想要」的陳述例子

我想要你別再問我什麼時候結婚、生小孩了。

我想要你問我的感受，而不是自以為我的感受如何。

「我需要」的陳述例子

我需要你準時幫我把派對的蛋糕拿回來。

我需要你來之前先打電話給我。

「我期待」的陳述例子

我期待你能來參加我的畢業典禮。

我期待你能把油箱加滿再還我車子。

用行動跟進你的界限

說明界限很難，維護界限更難。如果你讓人們把鞋子脫掉再進你的房子，你必須把你的鞋子也脫掉。如果你不脫，人們會用你的行為當作理由，不尊重你的界限。所以，在你要求別人的行動上，先做優秀的榜樣。

另一部分，是決定如果有人侵犯界限時，你會怎麼做？如果你什麼都不做，就是不尊重你的界限。

在經歷過初始界限設定之後，艾瑞克準備好和保羅設定最終的界限。他在美國陣亡將士紀念日前一週告訴保羅：「爸爸，我要在家辦一個烤肉聚餐，我希望你能清醒著參加，不要喝酒。如果你看起來喝醉了，我會請你離開。」

為了有助於執行界限，艾瑞克請他的母親和哥哥來幫忙。烤肉會當天，艾瑞克注意到保羅站在放啤酒的冰箱附近，於是他堅定地對父親重申他的期望。保羅離開冰箱旁，設法使艾瑞克的擔憂降到最低。重申自己的需求並不容易，但維護界限是必要的。

如何處理慣性違界者：哪些溝通方式是最好的？

使用任何必要的手段來陳述你的界限。你可能聽說過，面對面是最好的溝通方式。

這當然是最好的，然而發簡訊或電子郵件，可能是比較舒服的方式。

不過，就像面對面溝通一樣，不要讓談話變得太過詳細和曲折。不要談及背景故事、解釋原因，或是你已經忍受多久了。如果你偏離了清楚扼要的劇本，你的電子郵件或簡訊有可能變成充滿火藥味的來回過招。

因此，無論是面對面還是數位化，同樣的規則都適用：永遠使用簡單直接的措辭來明確設定界限。

設定界限時應避免的事項

絕對、絕對、絕對不要道歉

在我的 Instagram 調查中，百分之六十七的參與者表示，他們無法在不道歉或多做解釋的情況下設定界限。

不要為擁有或設定界限而道歉。當你道歉，給人的印象是，你的期望是可以商量的，或者你不確定你可以要求你所想要的。

另外，如果你需要對一個要求說不，就不必道歉。

試著這樣說：

「謝謝，但我不能去了。」
「這次我沒辦法幫你。」
「希望你玩得開心，但我不能去了。」

不要動搖

不要讓別人侵犯你的界限卻沒事，即使只有一次。一次可以很快變成兩次、三次、四次，到時候你就得重新開始了。

不要說太多

避免告訴別人和你的界限相關的事。當然，你至多可以回答一、兩個問題，但在回覆時要刻意，並簡潔明瞭。要記得：人們可能會試圖改變你的想法。請試著盡量堅持原來的說法。

人們不尊重界限的常見原因

- 你沒有堅持你對他們設定的界限。
- 你沒有用堅定的語氣說話。

- 你沒有說出需求或期望。
- 你的界限是可變的。前一分鐘是認真的，下一分鐘就不是了。
- 你認為就算你不說你需要或想要什麼，人們也會自我糾正。
- 你認為，說明你的界限一次就夠了。
- 你為設定界限而道歉。
- 你說出違反界限的後果，卻不加以貫徹。

如果你想讓別人尊重你的界限，**你必須先尊重它。**

處理違反界限的四個技巧

技巧一

當下就要說出來。如果你保持沉默，人們就會認為，他們說什麼或做什麼對你來說都沒關係。你說什麼不一定要經過深思熟慮，也不一定要完美。只需要說「我不喜歡這樣」的話就行了，說些什麼比什麼都不說好。

✚技巧二

口頭表達你與他人的界限。在談話中自然地這樣做，比如：「我不喜歡別人不先打電話就來找我。」

✚技巧三

如果有人侵犯你已經口頭規定的界限，請告訴他們違規行為給你的感受，然後重申你的期望。

✚技巧四

不要讓人逃脫後果，一次也不要。

複習「該說什麼」和「怎麼說」的原則

溝通界限的方式有以下五種，然而只有最後一種是有效的：

1. 被動的：先不管它。
2. 被動式攻擊：表現出生氣的樣子，卻不向對方說明你的需求。

3. 攻擊性：用僵硬、沒有彈性的方式表達你的需要。
4. 操縱：用強迫的方式讓你的需求得到滿足。
5. 自信：清楚而堅定地告訴別人你的願望。

練習

拿出你的日記本或一張紙，完成以下的練習：

想一想你需要和某人建立的界限。

- 用「我」開頭的句子寫下你的界限：我想要、我需要、我希望或我期待。完全不要寫到「因為」二字。不要多做解釋，也不要道歉。從小地方開始是可以的，選擇你覺得能最自在說出來的界限。
- 你想如何與他人分享你的界限？當面、發簡訊，還是透過電子郵件？選擇你感覺最舒服又合適的方式。
- 回到前文的技巧一，你的陳述是自信的嗎？如果是，就繼續；如果不是，請重新考慮如何說出你的期待。

- 決定什麼時候告知你的界限——現在，或是下一次被違反的時候。記得，同樣選擇你覺得最舒服的方式。
- 分享你的界限後，照顧自己的不適感。立即透過自我照顧的行動，讓自己重新穩住。例如：靜心、寫日記，或是散步。

界限必須簡單明瞭

界限是你用言語和行為，為創造平靜生活而採取的堅定步驟。

克蘿伊經常必須幫助她的哥哥，雷。她已經感到厭倦了，畢竟她是家中的女孩，被幫助的不應該是她嗎？

她認為雷是一個長不大的男孩，總是依賴某個人，像是他的前妻、女友、父母，或是克蘿伊。他經常借錢，但從來不還。有一次，克蘿伊真的需要用到她借給他的錢，卻不得不向朋友求助。

雷的第一段婚姻留下的三個孩子和克蘿伊感情很好，然而，雷在辦理離婚期間，卻強行逼迫克蘿伊選邊站。他告訴克蘿伊，如果她繼續和他的前妻聯絡，他就再也不理她了。

在我的辦公室裡，克蘿伊哭著說想和哥哥建立「真正的」關係——不是基於她能為對方做什麼，而是能夠相互支持。她說，雷很自私、自戀，總是抱怨他有多恨他的前妻，以及他「可怕」的老闆。

克蘿伊會聽他抱怨，雖然她知道大部分問題都是他自己造成的。

她覺得母親太寵溺雷了。小時候母親對待雷就像個王子一樣，即使成年後，雷還是母親的心肝寶貝。每當要求沒有被滿足，他就會發脾氣，而母親這時候就會屈服。每當克蘿伊沒有給他想要的東西時，他也會跟「媽咪」告狀。

她覺得自己被哥哥利用了，情感也被耗盡。然而，哥哥打來的電話她幾乎都會接。有幾次沒接電話，她竟感到十分內疚。在那些時刻，她彷彿能聽到母親的聲音說：「他是妳的哥哥。」

克蘿伊試圖與雷設定界限時，她會說：「這是我最後一次借錢給你。」可是，只要雷再來借錢，她還是會屈服，就像她的母親一樣。她想到她的姪女和姪子，擔心要是拒絕借錢給雷，孩子們就會受苦。

儘管如此，克蘿伊仍然意識到她需要和雷設定界限，因此來找我諮商。她不明白為什麼她過去設置的界限都沒有用，甚至懷疑自己是否應該繼續和他維持兄妹關係。

克蘿伊知道，她對母親說的任何話，都會傳到雷的耳裡。因此她對母親說，她不喜歡雷總是以自我為中心，認為一切都跟他有關——她希望母親會把這些話轉述給雷。不過，克蘿伊始終沒有機會發現雷是否得知這件事。

母親只是說：「克蘿伊，不管妳怎麼看他，家人就是家人。」「可以不喜歡我的家人嗎？」她問我。多年來，她一直努力做一個「好」妹妹，但她厭倦了成為家中唯一想讓彼此相處得更愉快、關係更健康的人。

模糊的界限

若我們不了解自己想要、需要，或是期待對方做什麼，就會出現界限模糊的情況。我們可能會說閒話或告訴其他人我們想要什麼，卻不直接溝通。也可能會透過提供對方並未請求的建議，對他人的界限問題提供做法，比如他們應該與人接觸，或者將我們的價值觀強加給對方，而侵犯了他們的界限。

克蘿伊犯了與雷「間接」設定界限的錯誤，以及向他們的母親告狀。此外，她還經常向母親批評雷的生活方式，像是「如果他沒有離婚，他就不會這麼缺錢」或「如果他找一份更好的工作，就不需要我幫忙了」。

母親告訴克蘿伊，無論如何她「需要」和家人在一起。但對克蘿伊而言，並非如此。也就是說，想讓彼此的關係更好、更健康，模糊的界限是沒有幫助的。

何謂模糊的界限

第一條：說閒話

有時，人們習慣用八卦作為與人連結的方式，尤其是和不熟的人。對親近的人做出貶低的評論或洩露私人的事情，是惡意的八卦。為了發洩挫折，我們向別人說我們想對事件中的人說的話，但是聽者卻無法幫忙解決我們與別人的問題。在分享個人私事時，我們等於被動地損害他人的名譽。

第二條：告訴別人如何過他們的生活

當我們向別人傾訴問題時，對方可能會認為直接提供建議是有幫助的。這是十八歲以上成年人及其父母之間常見的界限問題。父母很難不再提供孩子意見、指導孩子應該做什麼。對於別人的事，我們可能很難只是傾聽而不提供建議，但這往往是我們能給予最好的支持。

直接給予建議，並不能真正幫助他們解決問題。根據性與關係教育者凱特・肯菲德（Kate Kenfield）的說法，「當我在手足無措時，最喜歡別人問我的問題是：『你現在是想要**同情**，還是一個**策略**？』」[6]

我們常以為別人在尋求我們的意見，指導他們該怎麼做，但情況並不一定如此。

在最近一次 Instagram 調查中，我問道：「當你有問題時，你會喜歡什麼處理方式？A：建議，B：傾聽？」回答的四千人中，有百分之七十的人選擇「B」。似乎大多數人只想被傾聽。

一個基本的界限是，學會聆聽而不提供建議。你也可以先問對方：「你想要我聽你說，還是提供一些回饋？」讓人們有機會選擇他們想要你參與的方式，也是一種令人感動的支持。

第三條：指示別人在關係中應該和不應該容忍的事

你可能會給對方這樣的建議：「如果是我，我會＿＿＿＿」在關係中，我們對不同事物都有不同程度的承受力，當我們說「如果是我＿＿＿＿，我會＿＿＿＿」時，就剝奪了對方決定自己界限的機會。所以，光是傾聽就夠了。

第四條：把自己的價值觀強加給別人

《同理心對話》（*We Need to Talk*）作者瑟列斯特．赫莉（Celeste Headlee）說：「為了進行重要的對話，你有時不得不在門口檢查自己的觀點。沒有什麼信念強烈到不能暫時擱置，以向不同意見的人學習。別擔心，等你學完了，你的信念還在。」[7]每個人都有權利發表自己的意見，但別人對你人生的看法，並不比你自己的更有價值。

重申／刷新你的界限

當你重述一個界限時，要用與最初設定界限時相同的策略：清楚明確，說明你的需求，並處理你的不適感。你不能對任何侵犯行為視若無睹，允許界限滑動會給人一個印象：你對自己的期望不認真。

克蘿伊發現，堅持自己的界限是有難度的。每當哥哥找她幫忙時，她總是無法直接拒絕，而是說：「下次你再找我幫忙，我會說不。」她不敢拒絕，害怕哥哥會阻止她和姪子、姪女見面——即使他從未真的說過他會那麼做。

克蘿伊和我決定把她的界限刷新，改成較簡單的，比如向哥哥說：「我幫不了你。」這會是更直接的回應。直接說「不」，不要提供解釋，也不要對未來做出承諾。

減少互動

六個界限的類型之一，是時間。你多久給一次、什麼時候把你的時間給別人，是你的選擇。沒有必要將時間白白提供給消耗你情感的人。可能看起來你「必須」接電話、回訊息或郵件，但你不需要。當人們向你提出要求時，你可以說「不」。你可以對不設置任何界限的人設定你的界限。

克蘿伊的母親經常問她：「妳有沒有跟哥哥聯絡？」如果她說沒有，母親就會要她打電話給雷，看看他最近怎麼樣。他們的母親給克蘿伊的工作是維持與雷的聯繫溝通。

如果克蘿伊想和雷設定時間的界限，她就必須先和母親設定界限，請母親不再要求她和哥哥聯繫。另外，她也希望母親不要再反覆提及家庭價值觀了。

幸好，和雷設定界限並沒有克蘿伊預期的那麼難。她不再每隔一、兩天就打電話給他。由於平時大多是克蘿伊主動聯繫雷，所以雷一開始似乎根本沒有注意到。

母親的情況比較棘手。儘管克蘿伊已經提出要求，母親還是經常對克蘿伊說家庭有多重要。因此，克蘿伊需要重新塑造與母親對話的形式。

發出最後通牒

最後通牒是給對方的選擇，要麼改變，要麼接受直接明說的後果。這些後果是我們打算堅持的。

最後通牒的例子

聲明

「我已經告訴你要先打電話再過來了，如果你下次又不事先通知就來，我就不開門了。」

行動

當他們試圖侵犯你的界限時，不要開門。

聲明

「我不希望你把我的私事對別人說。如果你這麼做，我就不再告訴你我的事。」

行動

停止分享事情給侵犯你隱私的人。

當你把最後通牒作為一種工具，來執行並遵循你的界限時，它是健康的，而且要附上合理的後果，如上面的例子所示。當你的後果是懲罰性的，或者當你的動機是要威脅別人照著你的意思去做，最後通牒就是不健康的。

✚健康的最後通牒

「如果你七點前還沒準備好出發，我就自己叫車過去，不管你了。」

「如果我發現你又喝酒，我就不會借錢給你。」

「如果你不告訴我你晚餐想吃什麼，我會在一個小時內自行決定。」

✚不健康的最後通牒

「我們要有孩子，不然就看著辦。」

「如果你和你的朋友出去，我這週就不跟你說話了。」

「如果你今晚不加班，我就不讓你請假。」

克蘿伊和我一起想出一個她可以堅持的最後通牒。她不想結束她與母親的關係，因為這段關係大部分是健康的。她只是想讓母親不要再提雷的事了，所以克蘿伊決定這麼說：

聲明

「媽，我請妳不要再提家庭的重要性，也不要再叫我打電話給雷了。我知道，妳看到孩子之間的關係不愉快，一定很難受，但是，如果妳不尊重我的界限，我會結束我們的談話，或是換話題。我這樣做不是不尊重妳，我這樣做是尊重我自己。」

行動

克蘿伊換個話題，或結束和母親的對話。

克蘿伊決心改變，付諸行動，無疑也是在挑戰自己對家庭的信念，因此她感到無比內疚。於是，她透過寫日記、定期諮商、找支持她的人傾訴、使用加強新信念的肯定言語等方式，來處理自己的不適感。

肯定性的言語

「我與家人的關係可以有界限。」
「對他人設限是一種健康的方式，以確保我的需求能得到滿足。」
「表達期望是我實行自我照顧的方式。」
「在健康的關係中，人們會尊重我的意願。」
「不舒服是過程的一部分。」

有些最後通牒是比較難的，可能會導致你終止與某人的關係，或切斷聯繫。然而，在與某人切斷聯繫之前，請想想這些問題：

- 我有沒有設定任何界限？
- 有哪些可能的方式可以讓對方回應我的界限？
- 對方是否知道我與他們的問題？
- 我是否受到無法修補的傷害？
- 對方是否願意修復這段關係？
- 這段關係中有哪些方面是健康的？

請對方停止

在蘇斯博士（Dr. Seuss）的《綠火腿加蛋》（*Green Eggs and Ham*）一書中，百分之九十的內容都是山姆被要求吃綠雞蛋和火腿的情節。山姆會拐彎抹角地說他不感興趣，像是：「我不喜歡它放在那裡面，放在哪裡我都不喜歡。」在這本六十二頁（原文版）的書裡，山姆從來沒有說過「別再問我了」這樣的話。一頁又一頁，他一再為了吃那些他已經明確表示不喜歡吃的東西而生氣。當我讀這本書給我三歲的孩子聽時，我立刻想到：「他為什麼不直接說『停』來結束這一切呢？」

人們期望你最終會讓步。他們繼續要求，因為你沒有用清晰明確的言語宣告你不會屈服。說「停」，可以省去你反覆將人推開的必要。所以，要直接告訴他們你不感興趣。

斷絕關係和築牆

僅僅說明你的期望，可能是不夠的，特別是對於習慣性侵犯這些界限的人。健康的界限包括聲明和行動，強調你在關係中渴望的事物。

當你設定一個界限時，維護它就是你的責任。

✚斷絕關係

當你決定終止一段不健康的關係時，就會發生隔絕。在我的 Instagram 調查中，百分之七十八的人表示，他們不相信有毒的人與不健康的行為可以改變。如果有人拒絕尊重你的界限太多次，你可以選擇與他們斷絕關係。其他人也可能因為你對他們設置的界限而與你斷絕關係，不管是誰發起的，都可能引起下列感覺：

解脫：「沒有這段關係的壓力，我感覺好多了。」

後悔：「我就知道我不應該要求他們＿＿＿＿。」

愧疚：「這一切都是我的錯。」
憤怒：「我不相信他們會有這樣的反應。」
傷心：「我想念＿＿＿＿。」
以上反應是正常的，也是關係結束後的典型反應。

斷絕關係有兩種情況：

1. 你清楚地說明為什麼要結束與對方的關係。
2. 你離開了這段關係，沒有事先預告。這是一種刻意被動地斷絕關係的行為。

斷絕關係可以是一種更深層次的照顧自我的方式，因為與一個不願改變的人保持關係，可能是痛苦且具破壞性的。

✚築牆

牆是嚴格的界限，你想藉由不讓別人進入，來保護自己。有了這堵牆，同一個規則適用於所有的人。透過在你設的界限中提供極少的彈性，你把有害和正面的人事物都排除在外了。築牆是一種不健康的自我保護方式，因為牆是僵化而無差別性的。（當然，保護自己不被虐待或陷入危險，是非常重要的，但我不認為那等同於築牆。界限的基礎視各情況而定，當你築牆時，就把每個人都擋在外面，而不僅僅是施虐者。）

當有人侵犯你的界限時，你可以

- 重申或更新界限。
- 減少你與對方的互動。
- 發出最後通牒。
- 接受事實，並放下這段關係。

接受和放手

在你嘗試過設定界限，但卻不斷被違反時，可能是時候考慮與對方絕交了。當然，終止關係並不容易，所以要擬訂一個健康的計畫，在這過程中照顧自己。結束一段關係並不表示你不再關心對方，這代表一種愛自己、自我照顧、健康的界限、勇敢，以及你希望變好的指標。

終止一段關係，就像哀悼的過程。你可能會經歷以下情況：憂鬱、憤怒、困惑、討價還價。你的最終目標，是達到終於能接受你無法改變別人的事實，而且你已經為修復這段關係努力過了。

當關係結束時，這樣是可以的

- 哀悼你失去的（例如：哭泣、生氣、悲傷）。
- 練習自我同情（例如：這不是我的錯）。
- 進行徹底的自我照顧（每天並且經常地執行）。
- 列一個清單，肯定自己是誰（例如：我是一個有愛心的人）。
- 想想你從這段有毒的關係中，學到的關於自己的事。
- 決定你在現在和未來的人際關係想要如何表現。
- 原諒自己默許這段關係中發生的事。
- 原諒自己沒有早點離開。

人們如果不喜歡你設定的界限，可能會透過以下方式進行報復

- 切斷與你的聯繫。
- 對你冷處理。
- 操縱你，試圖說服你取消界限。
- 態度惡劣。

如果你遇到上述任何情況之一，要知道傷害不是因為你的界限造成的。這段關係本來就不健康，界限只是讓本來就需要解決的問題浮上檯面。設限並不會撕裂一段健康的關係。

想到設定界限可能會結束一段關係，確實很可怕。但是，與其害怕最壞的情況會出現，不如想想對方答應你要求的可能性——就算過去這個人一直很難搞。

> 設限不會撕裂一段健康的關係。

第一次就讓對方理解

如果設定界限對你來說是一種新的嘗試，那麼第一次就做對，能幫助你感覺更有信心。堅持按照劇本來、說清楚、直接、簡單扼要。

你可能會發現，表明你設定界限是為了維護關係，是很有用的方式。讓對方知道，界限不是敵人，界限對雙方來說是健康的。

起初，克蘿伊並沒有尊重她對哥哥設的界限，因為她覺得內疚，或不想傷害到她與姪女和姪子的關係。

若我們不遵守對別人設定的界限，別人也不會遵守。克蘿伊努力保持她的界限，發出最後通牒，卻不打算貫徹執行。她希望雷自己會知道怎麼做，但其實雷知道的是，他不會因為侵犯妹妹的界限而產生任何後果。

唯一能解決問題的方法是：堅持。克蘿伊需要尊重她的界限，才能除去兄妹倆關係中的問題。她後來決定對他維持以下的界限：

✚ 界限

避免讓自己感到情緒低落的對話。

行動步驟

1. 不適合說話的時候別接電話。
2. 將談話時間限制在五到十分鐘。
3. 多談談自己。
4. 不要提供解決方案，只是聆聽。

✚ 界限

每年借錢給雷不超過一次。

行動步驟

1. 當雷談及財務問題時，如果他沒有要求，不要主動提供協助。
2. 提供自己以外的資源。
3. 說「不」。如果雷試圖製造內疚感，就直接指出：「你想讓我為了設界限而覺得不舒服。」
4. 制定個人財務計畫，不要有閒置／額外的錢可以借給雷。

不要只是說出界限，要創造實際的行動，防止你讓界限消失。

堅守你的界限意味著創造新的習慣。在《原子習慣》（*Atomic Habits*）一書中，詹姆斯・克利爾（James Clear）談到從小改變產生大效果的重要性。「所有的大事都來自於微小的開始。每個習慣的種子都是一個微小的決定。但藉由一再重複這個決定，這個習慣就會萌芽並且變得更加強大，根基鞏固，枝繁葉茂。打破一個壞習慣的任務，就像拔除我們內心那棵強大的橡樹。而養成良好習慣這個任務，猶如培育一朵嬌嫩的花朵，要每天做一點。」[8]

所以，從小事做起。每次有人要求你做你不想做的事時，說「不」。一開始可能不大容易，也許你有一半的機率會和自己達成協議說「不」，或者對最困擾你的事情說「不」。人們可能不會一夜之間就接受和遵守你的界限，但經過一段時間，你將能更自然地說明你的期望，人們也會更意識到這些。

另外，不要把自己說成一個不會設界限的人，開始稱自己為「有界限的人」吧。**你就是你所說的那個人**。肯定自己能成為你想成為的人，會讓你保持態度去改變，持續堅持執行你的界限。

確保對方聽到你的界限

對那些裝作沒聽見的人，練習這樣說：

「你明白我的要求嗎？」

「你能不能用你自己的話重新解釋一下我說的話？」

「為確保我們都清楚了，我想聽你確認我說了什麼。」

家長和老師經常用這個問題來練習：「你聽到我說什麼了嗎？」再次確認是一個

重要的方式，以確保你的話有被聽到。雖然不代表他們會聽進去，但能防止他們說沒有聽到或不了解你設立的界限。

當界限發生衝突時

莎夏和童妮約會了兩年後，開始對家庭的問題發生激烈爭吵。童妮覺得莎夏的母親粗魯、霸道，在太多權力鬥爭之後，童妮誓言要保持距離。

莎夏以家庭為重，希望另一半與家人能有和諧緊密的關係。雖然她知道自己的母親有時很霸道，但她接受了母親的個性，不認為她的行為需要修正。

你與另一個人想要的，有時候可能背道而馳。莎夏希望她的伴侶能與母親關係密切，但童妮則希望與莎夏的母親保持距離。在這樣的情況下，問問自己：

有沒有辦法可以折衷，遵守雙方的界限？

任一方的界限都會對這段關係產生負面影響嗎？如果是，應該怎麼做？

你設定界限是在報復別人對你設限嗎？

你願意做什麼來確保你的需求得到滿足？

對莎夏來說，妥協意味著接受她的伴侶對自己的母親態度親切，但無法親近。對童妮來說，這意味著她花在陪伴莎夏母親的時間可以減少，同時善意地維護自己的立場。然而，過了一段時間，這種安排對莎夏無效，這對情侶決定分道揚鑣。

在情感關係中，你的伴侶可能並不總是同意你處理家庭關係的方式。當兩個人的界限發生碰撞時，必須溝通清楚，確定可以做出哪些妥協。理想情況下，雙方都會退讓一點，而不是只有一方讓步。也許童妮可以再努力一下，與莎夏母親建立關係，並直接溝通她的期望，以及／或者莎夏可以同意和她的母親談談，改變她的行為。

有時候，妥協是行不通的，雙方都要同意保持各自的界限，並接受對方在這個問題上的立場。

在本章中，我們找到模糊的界限以及當我們不清楚自己的期望時，可能會出現的問題。「最後通牒」在關係中通常被視為負面的，但我已經描述了一些使用最後通牒的方法，能夠為你帶來益處。

此外，界限不是牆。牆會把人擋在外面，界限則告訴人們如何與你保持關係。即便你沒有在第一次設限就用對方法，也會有辦法再試一次。

練習

拿出你的日記本或一張紙，完成以下的練習：

- 畫兩條直線，分成三欄。
- 在第一欄中，寫下你想實施的界限。用上次練習的其中一個也可以。
- 在第二欄中，寫下兩個有助於實施和跟進界限的行動。
- 在第三欄中，寫下如果別人沒有遵守你的界限，你可能採取的行動。
- 在實施和貫徹你的界限時，請將此行動方案作為你的心理指南。

8 創傷和界限的關係

用健康的界限，釋放過去的創傷。

沒有人要她，所以她學會過著不需要別人的生活。

安柏去住外婆家的時候，只有一個月大。後來的時光，她與父親、奶奶和姑姑一起生活，三個家庭有三套不同的規矩。

安柏十歲時，母親來接她。母女倆住在一起，直到她十七歲。

這段日子簡直像在地獄一般。安柏的母親有很多混蛋男友，而且沒有能力如期支付帳單，這意味著她們有時必須和其中一個男友住在一起。從十歲開始，安柏被母親的酗酒男友猥褻長達兩年。十五歲時，安柏因為要保護母親，與母親的另一個男友發生肢體衝突。

十七歲時，安柏搬了出去。她不想成為誰的負擔，決定自力更生，不要求任何人做任何事。她反正不指望任何人會為她做任何事情。

三十二歲時，安柏已經完全獨立，表現傑出。她取得企業管理碩士學位，有一份自己喜歡的事業，薪資豐厚。

然而，儘管她的事業成功，愛情生活卻一片空白。約會時，她的對象總會質疑他們要如何融入她忙碌的生活中。她當然想要有個伴，但她並不「需要」人。在關係中，她透過製造距離來表明這一點。她從來不讓約會對象與她的家人見面，也沒有興趣去見對方的家人。她不能理解為什麼每個人都這麼「黏人」，每天都想跟她說話，花時間在一起。她在感情進入更深一層之前，就會突然切斷關係。

三年前，她完全停止約會。安柏說：「我認為我是那種需要獨處的人。」她透過製造距離、不聯絡的方式，來建立自己的孤獨生活，也乾脆不接受任何感情。

偶爾，安柏也會和父母聯繫，但不頻繁。她通常只在節日和生日時才會和父親說話。她的母親嫁給一個比其他混蛋男友好一些的人，而且經常打電話給安柏、約她見面。

雖然安柏很愛母親，卻不覺得可以相信她。畢竟母親在她童年的大部分時光都缺席，她無法假裝現在一切都很好。

安柏也學會了當變色龍的技巧，無論在什麼環境下，她都能適應。在工作中，她是領導者、是核心成員；她知道假裝友善、表現得勝券在握，是獲得事業成功的必要條件。然而，經過二十八年「努力維持生活秩序」之後，安柏開始經歷情感危機。她發現自己在工作中，會為平常並不在意的事情哭泣；在和母親談話時，也變得煩躁不安。通常情況下，她還能裝出一副開心的樣子，但最近她發現自己心煩意亂，還因為想到童年的事而無法自拔。

安柏在她父親去世後來找我諮商。她和父親不算親近，不知道為什麼會對他的逝去這麼難過。她感到憤憤不平，彷彿童年的創傷再次浮出水面；她想到自己被母親遺棄、曾遭受的虐待，還必須跟不同的家庭成員生活在一起。不論在哪裡，她都不曾有家的感覺。

界限和創傷

童年創傷影響著我們的發展，也影響著我們執行和尊重界限的能力。童年創傷包括性、身體和情感上的虐待或忽視。

「童年逆境經驗」（Adverse Childhood Experiences, ACE）量表可衡量童年創傷的影響，包含虐待、忽視和家庭功能障礙：

- 虐待：身體、性、情感。

- 忽視：身體、情感。
- 家庭功能障礙：精神疾病、親戚入獄服刑、吸毒、母親受暴力對待、離婚（多次搬家也是一種創傷）。

ACE分數高的人，也就是超過四分的人，較易出現健康、人際關係問題，以及焦慮和憂鬱等心理健康問題。

安柏的ACE測驗成績是八分。總分十分。從表面看來，她似乎過得很好，但在內心深處，她其實感到悲傷、孤獨。她從未與任何人建立健康的關係。父親剛剛去世，她只知道自己想要「感覺好一點」。她不想被過去的記憶淹沒，也不想對她父親的死亡感到憤怒。

我協助安柏找出她現在的情緒狀態與童年創傷之間的關聯。慢慢地，她開始明白自己是如何製造出嚴格的界限，將人們拒於千里之外。

安柏害怕情感的聯繫。她認為，感到悲傷和尷尬是脆弱的表現，因此不想讓別人知道她有這些感受。即使在父親去世時，只要有人問起，她都告訴別人她還好，事實上卻默默地承受痛苦。將情緒深埋的結果是，她所有的情感一次全部浮現。

諮商的幾個月裡，安柏很抗拒治療。她會來諮商一次，然後取消下一次。她討厭

「需要治療來幫助自己感覺更好」的想法。有一天，我提到也許她不需要治療，也許她只需要感覺更好，而治療是這個過程中的一部分。

根據知名作家、演講家及培訓師克勞蒂亞．布萊克（Claudia Black）所說，當人經歷創傷時，有三類常見的界限侵犯行為[9]。

以下是每種類型的幾個例子。

侵犯身體界限

不恰當的觸摸。
壓抑感情。
沒有被教導如何照顧自己的身體。
剝奪一個人的隱私。
不提供適當的衣著。
打、推、捏、推擠。
閱讀私人日記或翻看個人物品。

侵犯性界限

黃色笑話或性暗示。

接觸成人素材，如雜誌或性影片。

貶低一個人的性別或性取向。

沒有提供關於你身體發育的正確資訊。

強制或脅迫性行為。

任何類型的性虐待。

斥責某人不想進行性行為的要求。

不尊重別人使用保護措施的需求。

侵犯情感界限

把自己的感受最小化。

經常被人吼叫。

被告知要如何感覺和思考。

被告知你的感受是不對的。

不告訴人如何照顧自己。
被要求處理父母之間的衝突。
沒有得到適當的期望。
精神虐待（因為某人沒有做的事而責怪他）。
被阻止發表意見。
被人奚落。
直接被告知「你的感覺不重要」或「你不夠好」。

曾受虐待或忽視的成年人共同經歷的問題

想幫助每一個人，即使沒有能力幫助他們。
不停地工作（認為忙碌等同於成功）。
借錢給已經證明不會還錢的人。
過度分享，希望得到愛。
無法調節情緒。
做一個討好他人的人。

害怕衝突。

自卑。

陷於糾纏不清的關係中。

沒有別人提供意見就無法做決定。

成人虐待

當然，成年人也會遭到虐待。在成人關係中，在有家庭暴力的地方，界限是不斷被侵犯的。在成年人遭受言語虐待、情感虐待或情感忽視的關係中，他們的界限也受到侵犯。

✚創傷對情感依附的影響

無論是在童年還是成人時期，創傷造成的界限侵犯，都會影響我們發展健康的情感依附能力。有兩種不健康的情感依附方式，影響了人際關係的界限。

焦慮型情感依附

- 不斷尋求確認。

- 從事自我破壞行為。
- 不斷威脅要離開對方、斷絕關係。
- 經常爭論對方對於關係的承諾程度。
- 經常因為小事而分手。
- 不斷質疑行動和意圖，因為將其視為威脅。
- 對關係會結束有一種麻痺性的恐懼。
- 渴望親近卻又把人推開。
- 表現出依賴、尋求關注的行為。
- 對孤獨感到不適。

逃避型情感依附

- 不斷尋找理由來證明這段關係不適合。
- 過度關注關係中的負面因素。
- 因為想離開關係的想法而精疲力盡。
- 很難自我揭露（self-disclosure，意思是用言語或非言語的方式來表達自我的感受）。

- 不斷擔心失去自主權。
- 認為「誰都不夠好」。
- 覺得經常聯繫「太黏人」。

不健康的情感依附型態，大多採取僵硬的界限；而焦慮型依附的人，往往有鬆散的界限。

健康的界限是安全型情感依附的標記。

安全型情感依附

- 能夠自在地離開伴侶。
- 發生糾紛時能調整情緒。
- 有健康的自我意識。
- 願意分享感受。
- 允許他人表達感情，而不至於反應過度。

安柏在人際關係中的依附型態，屬於逃避型。她想要人際關係，也想要自主權，不喜歡必須依賴他人的感覺（或想法）。由於童年時期的情感忽視，一個人可能會形成反依賴性格，其特徵如下：

反依賴

- 難以在他人面前展現脆弱。
- 不願意求助。
- 喜歡在不需他人幫助的情況下完成事情。
- 不喜歡依附他人。
- 刻意保持感情上的距離。
- 持續的孤獨感。
- 無法識別和承認感受。

反依賴可能是逃避型依附者學到保護自己的方式，雖然渴望和別人建立關係，卻覺得真正對別人承諾是很危險的。因此，他們會使用僵硬的界限，比如與人保持很遠的距離或「總是」說「不」，以感到安全。

創傷後的羞恥和內疚

擁有自己的故事可能很困難，但一輩子都在逃避它，更難。擁抱我們的脆弱有風險，但遠不如放棄愛、歸屬感和快樂這些讓我們最脆弱的經歷來得危險。只有當我們有足夠的勇氣去探索黑暗的時候，才會發現我們有無限的光明力量。

——布芮尼・布朗

脆弱是我們與他人分享自己是誰的能力。當我們不擔心後果時，感到脆弱才是最舒服的。脆弱讓我們能坦誠地面對那些「造就今天的我」的經歷，害怕脆弱就是害怕被批判。

在一個有毒的家庭中長大，可能讓我們感到羞恥。羞恥感會導致自卑和慣性討好他人。對經歷過創傷的人來說，帶著創傷生活最困難的部分，是與他人分享這個故事的脆弱感。我們擔心如果展現脆弱，人們會：

- 覺得我們沒有那麼好。
- 再次傷害我們。
- 小看我們的創傷。

- 認為我們是弱者。
- 批判我們。

當我們害怕脆弱的時候，僵硬的界限就會大量存在，因為我們的任務變成了保持安全。

祕密如何影響溝通界限的能力

當界限被侵犯時，你可能不確定什麼限制才是適當的，且擔心你的界限是否會被尊重。

在一些家庭中，遵守祕密的規定常使用以下這句話：「這間屋子裡發生的事，就留在這間屋子裡。」如果你決定說出你的創傷，可能會覺得好像在背叛你的家庭。在某些情況下，打破了這個規則，後果就是破壞家庭關係。

當關係中存在家庭暴力時，告訴朋友或家人有虐待的事件，可能感覺像背叛你的伴侶。你可能意識到伴侶的行為是不恰當的，但你可能還沒有準備好離開，告訴別人可能會使他們督促你行動。

教孩子保守祕密，對他們的成長和發展是有害的。最重要的是，孩子和成人都應該能安全地談他們家中發生的事情。

創傷如何影響我們實施界限的能力

#狀況1

在你和伴侶的關係中，每次你想為自己說話，你聽起來是不禮貌或是「愚蠢」的。在爭執中，你的伴侶會罵你、貶低你。

結果：

你可能會因此而停止與伴侶或其他人說話，想避免衝突。

#狀況2

小時候，當你想和母親分享一些事情時，她通常不理你，或是很快就叫你不要再說了。在你很需要支援時，比如你跟同學發生問題，你的母親卻沒什麼反應。

結果：

你產生了這樣的信念：你的聲音並不重要。因此，你不再對人說自己的事。

狀況 3

你在大學時被性侵了。加害人說：「沒有人會相信你，因為你喝醉了。」

結果：

你再也不喝酒了，也不約會了，因為你不相信自己，也不相信別人。

自我照顧

如果你經歷過共依存、性虐待、身體虐待、言語虐待、情感忽視或生理忽視，你可能在照顧自己方面會遇到挑戰。

照顧自己就像是

- 對關懷和陪伴他人設定可控管的期望。
- 保持心理健康。
- 以兒女的身分而非父母的身分對待父母。
- 以兄弟姊妹的身分而不是父母的身分對待手足。
- 有需求就說出來。
- 在放假時做些自己喜歡的事情。

- 給予人們照顧自己的空間。
- 減少和消耗你精力的人打交道的頻率。
- 弄清楚你是誰，和別人使你認為的自我分開。
- 不把過去當作逃避繼續前進的藉口。
- 談談你的感受。
- 讓自己感到快樂。
- 分享你過去的事實，而不用糖衣包裝那些經歷。
- 對自己溫柔一點。
- 教自己一些小時候沒有學過的東西。
- 學會欣賞你的身體。

解決問題，並理解他人的類似經歷

無論你在生命中經歷過什麼，無論何時都有改變的可能。如果你注意到你的界限是僵硬的，請考慮以下方式，以創造更健康的界限。

例如，當你意識到並準備好改變部分的自己時，就可能改變情感依附的方式。如果你不想在關係中做出承諾，請思考看看有承諾的關係有何好處。不要繼續用過去因為創傷而採取的「安全模式」，而要嘗試不同的方法。從分享更多資訊開始，請求他人幫助你完成通常會自己做的事。著眼於健康關係的互惠性，和另一個人分享自己，是建立聯繫的一種方式。

如果你和一個有情感依附問題的人進入關係，不要只是接受你看到的東西，而要挑戰它。說出你觀察到的情況，甚至可以討論關於對方行為的假設，如果你不說出來，這段感情依然是不健康的，直到根本的問題得到解決。

如果你正與一個經歷過創傷的人交往，請告訴對方你在他們身上觀察到的，並將他們轉介給心理問題專家。

練習

拿出你的日記本或一張紙，完成以下的練習：

- 你的心理創傷在哪些方面影響你設定界限的能力？
- 你可以用什麼話語來安慰自己，告訴自己可以實施你需要的限制和期待，以獲得安全感？

你如何尊重自己的界限？

在教別人尊重我們的界限之前，我們自己必須先學會尊重它。

凱爾獲得加薪，薪水一進帳就去買了一輛新車。凱爾認為那是他應得的，新車是這一年來辛勤工作的回報。他努力工作，也不吝於花錢。事實上，每次他拿到獎金或加薪，就會買一個昂貴的禮物給自己——手錶、名牌服飾，或是去度假。

不過，凱爾雖然看起來光鮮亮麗，事實上卻是個月光族，被兩萬五千美元的信用卡債淹沒。他沒有儲蓄，經常向父親借錢，勉強維持生計。

在一次遲繳車貸後，凱爾在父親的催促下來找我諮商，想開始控制自己的財務狀況。他衣著光鮮地出現在我面前，表現得很聰明，然而他卻身無分文。

起初，他很猶豫，不願意對我開誠布公，因為他沒有看到諮商的重點。他以為只要熬過接下來的幾個月，一切都會好起來。

「你這樣對自己說過多少次？」我問他。

他似乎很震驚。他知道自己有過度消費的習慣，但也不得不承認，每當他的經濟狀況變糟時，他都對自己說：「我只需要度過接下來的幾個月就好了。」不幸的是，這幾個月變成了多年的過度花費，還要找他的父親紓困。即使凱爾的收入增加，他也會把錢用來買比他之前擁有的更大、更好的東西。

凱爾就是無法對自己說不。一想到要剝奪自己享受的權利，他就覺得害怕。在我們第二次諮商時，我請他列出他的長期財務目標。他的目標包括：為退休儲蓄、買房、還清車貸，以及提早退休。在他完成目標清單後，我問他：「現在，你預計如何實現這些目標？」

凱爾說，這些都是長期目標，不是在未來一、兩年內能夠實現的。經過進一步的討論，我發現他在五年前就有這些目標了，只是還沒有朝它們前進。

凱爾無法達成目標，因為他對自己的財務有不健康的界限。一領到薪水或獎金就花掉，是無法脫離月光族行列的。確立目標後，我們開始討論如何設立有用的界限，幫助他朝目標邁進，例如：儲蓄、減少開支、延遲滿足等。

對自己設定界限的意義

不改變導致你過去行為的根本信念，就很難改變習慣。你有一個新的目標和計畫，但是你並沒有改變你是誰。

——詹姆斯・克利爾（James Clear），《原子習慣》作者

在思考界限時，我們往往會先想到別人需要做什麼，才能讓我們的情況變得更好。別人確實會對我們的生活產生影響，但我們每天都會做出個人的選擇，而這個選擇影響了我們的生活品質和我們的定位。有了自我界限，我們就會考慮**自己**是如何影響自己的。

凱爾選擇做一個消費超支的人，而他是唯一該負責的人。是他決定買他負擔不起的東西，因此，如果他想改善現狀並達到財務目標，他必須對自己和他的支出設限。

凱爾的財務問題，在美國是很常見的。根據美國債務協助組織Debt.org的數據，美國人的平均信用卡債務為八千三百九十八美元，並且有至少四張信用卡[10]。美國的消費性債務總額為十三・八六兆美元，其中包括抵押貸款、汽車貸款、信用卡和學生貸款。嘉信理財公司（Charles Schwab）最近的一項研究顯示，百分之五十九的美國

人是月光族[11]。

太多的美國人沒有儲蓄、應急基金或退休基金。當他們遇到一個小小的財務困境時，一切都會崩潰。

這是一個界限問題，因為我們不願意對自己想要的東西說不。然而，對每一個衝動都毫無保留地說「好」，是很危險的。這並不是因為我們想傷害自己，而是源自缺乏健康的自我界限。

對自己說不的能力是一種天賦。如果你能抵制衝動，改變習慣，只對你認為真正有意義的事情說「好」，那就是練習設定健康的自我界限。照顧自己是你的責任，不要找藉口。

設定自我界限對這些方面有所助益

- 你的財務狀況。
- 你的時間管理。
- 你的自我照顧能力。
- 你允許別人給你的待遇。

- 你的思想（沒錯，你可以停止不和善的自言自語，如同你可以阻止別人對你態度惡劣）。
- 你的反應。
- 你允許進入你生活中的人。

財務

只有凱爾自己才能改變他對財務的看法，以及他花錢的方式。在諮商過程中，我們談到有益的信念與有害的信念。他承認，他對錢的看法是破壞性的，儘管他的收入還算不錯，但他花得更多，而且左支右絀。在協談的過程中，他開始對金錢採取更有益的信念，像是：「我不必花掉我賺的每一分錢。」

凱爾也開始設立自我界限，比如：

「在買新東西給自己之前，我會存下百分之十的錢。」

「我會為自己的消費制定一個預算，將預算作為抑制衝動購買的指標。」

「在沒有存錢的情況下，我不會多花錢，即使我賺得更多。」

凱爾的新限制給了他管理金錢的基礎。在設定限制之前，他沒有考慮到比當下更遠的事，因此才會負債累累。雖然對財務狀況設下限制，但也為他帶來緩解，幫助凱爾更迅速地朝財務目標前進。

圍繞財務的另一道重要界限是，學會何時該對那些想借錢或利用你作為財務資源的人說「是」和說「不」。

可以設立的界限

- 如果我沒有能力把借出去的錢當作送出去的禮物，我不會借錢給任何人。
- 只有在符合以下條件時，我才會為別人簽字貸款：＿＿＿＿。
- 我不會為任何人簽字。
- 我會儲存緊急備用金。

記住，人們可能向你提出任何要求，但你要保持自己的界限，藉由說「不」，或對於你能提供幫助的程度設定界限。

時間管理

缺乏自律，就代表缺乏自我界限。

此刻，我的手機上有一個螢幕保護程式，上面寫著「我沒有時間浪費時間」。設置這個提醒，是為了防止自己浪費寶貴時間在手機上查看社群媒體、網路購物、瀏覽網路新聞等。做這些事情並沒有錯，但我必須有意識地使用我的手機。有必要時，我還是會看社群媒體、網路購物、瀏覽新聞，這樣做的目的只是盡量避免在我該做正事（比如寫書）的時候去做這些事。

我喜歡閱讀文章和書籍，收聽關於時間管理的播客（podcast），但其實，他們說的都是同一件事：管理你的分心，明智地做計畫，並減少浪費時間的事情。簡言之，對「如何管理時間」設定界限，就是解決時間問題的辦法。

可以設立的界限

- 我承認，我無法做所有事情；我會停止嘗試去做所有事情，輕鬆地去做我能做的，而不給自己安排過多行程。我會在答應任何要求之前檢查我的日程表。
- 我預計給自己更多時間，好按時完成任務。
- 我把可以委託的事情交給別人，特別是那些我不需要自己做的。
- 我為自己制定一個時間表，把它寫下來，並且篤實地堅持下去。
- 我規劃我一天的行程。
- 我把實際的計畫徹底落實，避免分心。

如果你在管理時間方面有困難，請問問自己：「我現在在做什麼？我想做的事情又是什麼？」建立新的界限（習慣和規則），並努力成為那個你想成為的人。

自我照顧

自我照顧是指你如何滋養和恢復你的身體、心靈和精神。這個關鍵字是「自我」，所以，抽出時間來照顧自己，完全由你自己決定。

但是，不要把自我照顧與買奢侈禮物寵溺自己混為一談。禮物和寵愛自己，在某些情況下可以選擇作為療癒的方式，但真正的自我照顧與花錢幾乎沒有關聯。相反地，是透過設定界限來體現對自己的愛。

可以設立的界限

- 我對我不喜歡的事情說不。
- 我對那些無助於我成長的事情說不。
- 我對那些剝奪我寶貴時間的事情說不。
- 我把時間花在健康的人身上。

- 我減少與耗費我精力的人的互動。
- 我保護自己的能量，不去對付那些威脅我的理智的人。
- 我練習正面的自我對話。
- 我允許自己去感受而非批判自己的感覺。
- 當我犯錯時，我會原諒自己。
- 我積極培養最好的自己。
- 我在適當的時候關掉手機。
- 我累了就睡覺。
- 我管好自己的事。
- 我做困難的決定，因為這些決定對我是健康的。
- 我抽空做能帶給我快樂的活動。
- 我對於我感興趣的活動說「是」，即便去嘗試會令我感到焦慮。
- 我獨自去體驗事物，而不是等待「對的人」和我一起去。

✚ 我們允許別人給予的待遇

「人們老是占我的便宜。」我在辦公室經常聽到這句話。但這是真的嗎？真正的問題是，你如何讓別人占你的便宜？

你的工作就是維持別人如何對待你的標準。畢竟，人們從你那裡得到提示，知道你和他們的關係中什麼是可以容忍的。告訴他們，並向他們表現你想要的待遇，透過善待自己來示範你想要的對待。

「你如何讓別人占你的便宜？」

可以設立的界限

- 當人們對我提高嗓門時，我告訴他們這是不對的。
- 當問題出現的時候，我會去解決，而不是任由它發酵。
- 當界限被侵犯時，我會明確界定我在交往之初和整個交往過程中，對於溝通的期待。例如：「我比較希望能當面談嚴重的事情，而不是透過簡訊。」
- 我發現有人試圖讓我內疚或挑戰我的界限來操縱我時，我會認出這是操縱，並且維護我的界限。
- 當有人說一些關於我的不實之詞時，我會立即糾正他們。例如，他們可能會說：「你總是遲到。」你可以回答：「我今天是遲到了，可是其他時候，比如——，我一直都很準時。」不要爭辯，只要說出你知道的事實。

✚ 思想

是的，就像你可能會阻止別人用某種方式對你說話一樣，你也可以停止用某種方式對自己說話。什麼是你對自己說話——自言自語和內在對話——的標準，以及你如何在別人面前談論你自己？

這也許看起來很老套，但給自己打氣是有效的。

對自我善意的口號

「不會有事的。」

「我已經盡力了。」

「他們不值得我這樣做。」

透過設定界限，以溫柔、仁慈和愛的方式對自己說話，把能量轉向內在。

發出自貶的言論，可能是另一種你對自己說話不仁慈的方式。當你對自己說出貶低的評論或殘忍的笑話，你也就許可別人對你做同樣的事。所以，要注意你在他人面前對自己的評價。

可以設立的界限

- 我對自己說話就像對小孩子說話一樣溫柔。
- 我訓練自己度過尷尬的時刻。
- 我允許自己犯錯，而不苛責自己。
- 我不罵自己。
- 我不在腦海中對自己做出刻薄的評價，也不會當著別人的面說出來。

✚反應

承諾自己，對自己回應情況的方式設定界限。我知道這似乎很難，因為事情可能出乎意料，或者人們會在當下惹你生氣。但是，生氣並不代表你必須大吼大叫。吼叫是你為了表示自己生氣而做的選擇。然而，很多人生氣時會選擇哭泣、深呼吸、走開，或是打電話給朋友。你可以決定如何處理自己不舒服的感覺和經歷。

可以設立的界限

- 當我不高興時，我不會打人或任何物品。
- 如果我覺得需要哭泣，我會讓自己哭。

- 當我情緒激動的時候，我會讓自己離開那個情境，然後練習呼吸，直到我感覺平靜。

✚你允許進入你生活中的人

「我總是和那些劈腿男交往。」南茜在一次諮商時對我說。她對「花花公子」類型的男人，會想著要去「修理」他們。她沒發現到，她一次又一次地選擇同一種類型的男人，其實是在招引一股她自己說不想要的動能進入她的生活。

根據《婚姻與家庭》（*Journal of Marriage and Family Studies*）期刊的報導[12]：

- 百分之五十七的男性承認曾經有過不忠行為。
- 百分之五十四的婦女承認在至少一段的感情中曾經有過不忠行為。
- 百分之二十二的已婚男性承認在婚姻中至少有過一次外遇。
- 百分之十四的已婚婦女承認在婚姻中至少有過一次外遇。

當然，不是每個人都會出軌。但南茜卻一再讓自己陷入與出軌男人的關係。即使她已經注意到和這種人交往的警訊，卻不聽從自己更好的判斷，拒絕和她已知不適合的男人交往。每次她都希望有不一樣的結局，但是沒有，因此她發現自己不斷地問同一個問題：「為什麼每個男人都會對我不忠？」

答案是，南茜的界限是漏洞百出的。她允許別人做她不喜歡的事情，然後變得怨恨和憤怒。幸好，當她來找我時，她終於準備好開始一段健康的關係。

最重要的是，你不需要和你不喜歡的那類人談感情。這是一種選擇。至少在某種程度上，透過遵守讓你活得更輕鬆的界限，你可以規劃和創造你想要的關係。如果你發現你一再吸引同一類型的人，問問自己：

我有什麼特質吸引＿＿＿類型的人？

這個人教會我關於我自己的什麼事？

在這段關係中，我想要解決什麼問題？

可以設立的界限

- 我創造一個關於我在人生中想要的那一類型人的概念。
- 當我注意到我在關係中的問題時，我會尊重自己而將它說出來。

維護界限

當我們希望別人尊重我們的界限時，重複聲明可能是必要的。

我之前提過，設定界限只是執行的第一步。另一個更具挑戰性的步驟是，當有人侵犯時，仍然貫徹執行。比如說，你告訴你的母親，你希望她來找你之前先打個電話，但她卻沒有通知你就出現。這時重要的是，用預告後果來堅持你的界限。如果你不尊重它，而讓你的母親違規，她會繼續侵犯界限，而你很可能就會感到憎恨。

我知道你可能會想：「但那是我媽！我不能向我母親預告下場。」是的，你可以。你永遠可以選擇界限，即使這些選擇讓你覺得不舒服。也許你不想假裝不在家，但如果你打開門，說：「媽，我有清楚告訴妳在來之前要先打電話給我，我現在還沒準備好待客。妳要不要改個更方便的時間，我們兩個再聚一聚？」

如果你不堅持自己的界限，別人也不會。你不能告訴朋友：「我們今晚最多喝三杯。」之後卻繼續喝了五杯，在這種情況下，你並沒有以身作則。向世界展現你希望看到的界限吧！

> 如果你不堅持自己的界限，別人也不會尊重它。

另一個維護界限的方法，是多說「不」。要知道，對他人說不就是對自己說好。當你無法答應一個請求，也不想支持它，或是會占用你做自己想做的事的時間時，你可以說「不」來設定界限。

如果你說了「不」，別人卻不聽，就叫他們不要再問了。沒錯，叫他們**停止**。記住，人們一直問，是因為他們想讓你最後答應。還有，絕對不要用「也許」或「我再看看」這樣的字眼來誤導別人，這兩句話都模稜兩可，而不是明確的「不」。如果你很清楚你不想做某件事，當你已經說「不」，對方還繼續問時，就叫他們停止。

想一想

當你不喜歡你所從事的活動，你就是在浪費自己的時間。
當你因為別人的事情分心，你就是在花自己的時間。
當你耗費不必要的時間，你就是在遠離你的目標。

對自己說「是」可能像是

- 當你知道自己必須早起，晚上就少看一小時的電視。
- 多喝水。

- 拒絕你不想接受的邀請。
- 遵守每月的預算。
- 規律地休假，不要把自己累得精疲力盡。
- 選擇可以負擔的度假方式。
- 允許自己感覺自己的感受，不去批判是好或壞。
- 晚上八點後將手機設置為「勿擾模式」。
- 照顧自己的身體健康，去看醫生，並遵守醫囑服藥。
- 透過接受心理治療來照顧你的心理健康。
- 在身體需要的時候休息。
- 為了消遣而讀書，而不帶著為了學習或培養新技能的目的。
- 尋找健康的方法管理情緒。
- 保持良好的財務習慣，例如按時支付帳單；不要因為購買你不需要的東西或你當下負擔不起的物品，而負債累累。

遵守自己的承諾

對自己設限是一個有意識的行動，能讓你的生活更輕鬆。規則也許感覺很拘束，然而當你建立規則時，可以有細微的差別。因此，對自己設限並不是一種限制，反而可以幫助你達成目標、建立健康的關係、按照自己的價值觀生活。當你不對自己信守承諾，就是在自我破壞、自我背叛，或討好別人。

✚自我破壞

- 拖延。
- 接近目標卻放棄。
- 留在不健康的關係中。
- 不遵守自己說的話。
- 設定不切實際的目標。
- 不去嘗試。
- 扛著關於自己和自己能力的負面說法（故事）。

自我破壞只是我們不尊重對自己設限的一種方式，也就是做出不健康的行為，讓我們一直得不到想要的東西。

自我破壞的形式，通常是用負面方式對自己說話。例如，我們經常在還沒開始之前，就說服自己放棄了。一旦我們開始消極地自言自語，就會相信那些負面的想法是事實。我們可能會說：「我不行。」但其實我們能完成比自己**相信**自己能做到的更多。「我不行」的說法會導致拖延、不嘗試、放棄、設定不切實際的目標，以及消極的自我對話。

所以，述說自己的故事時，要加入這一句：「我可以。」不要在開始之前就放棄。以下是一些你**不該**說的話：

- 「我要試試不喝酒三十天。」
- 「我要試試盡量多喝水。」
- 「我會和他們說我的界限，但是我百分之百確定他們不會聽。」

請換句話說，使用直接的語言，毫不含糊地說出將會發生什麼。以下是自我設限的肯定說法：

- 「我要戒酒三十天。」
- 「我能改變我的習慣。」

- 「我要多喝水，從今天開始。」
- 「我有能力貫徹執行。」
- 「請尊重我的界限。」

對自己的界限充滿信心，是治療自我破壞的良藥。

自我背叛

- 改變你的樣子和你的信仰，以保持與他人的關係。
- 假裝成不是自己真實的樣子。
- 將自己與他人（朋友、家人、網路上的陌生人、過去的自己）比較。
- 無法堅持一貫地維護自己的價值觀。
- 對他人或在腦海中發表關於自己的負面言論。

因為自我背叛，我們沒有按照自己的價值觀生活，或者沒有展現出真實的自我，結果是羞辱了自己。然後，內疚感就會出現，因為我們內心深處知道自己的行為不真實。在健康的關係中，做自己是可以被接受的。

討好別人

討好別人，就是以自己的幸福作為代價來讓別人幸福。這個情形的發生，是因為我們想被別人接受。

想要討好人的人認為，當我們主張自己想要的東西時，別人會不高興。因此，我們努力想被別人接受，而假裝迎合。但是健康的人欣賞誠實，如果我們說不，他們也不會拋棄我們。

例如，夏洛特問我：「我可以告訴別人別再問我什麼時候結婚了嗎？」沒錯！她的人生不是一本打開的書，她不需要回答任何讓她感覺不舒服的問題。

你可以針對你與他人分享的內容設限。例如，你不必分享以下任何一項：

- 你還沒有結婚的原因。
- 你的關係狀態。
- 何時想要有孩子。
- 如果你已經有孩子了，何時想要再多生幾個。
- 你人生的下一個目標。
- 你如何管理時間。

- 你賺多少錢。
- 你如何花錢。
- 你的生活方式。
- 你的體重（減少或增加）。
- 寫下你自己的例子：＿＿＿。
- 再寫一個例子：＿＿＿。

你可以決定分享你覺得舒服的內容，以及你希望把你個人的事情告訴哪些人。在 Instagram 上，我經常被問到一些很個人的問題，當我不想回答時，我有權利忽略它們。如果你不想回答問題，可以考慮這麼做：

- 用一個問題回應：「這是一個有趣的問題，你為什麼會想問我這個問題呢？」
- 把問題反過來問對方：「你想要有更多孩子嗎？」
- 改變話題，把問題掩蓋過去：「錢永遠是很有趣的話題。你最近在 Netflix 看了什麼影片嗎？」
- 直接表明：「我不太想（覺得不舒服）回答這個問題。」
- 明確說出你的界限：「我不喜歡別人跟我談體重的問題。」

記住，你可以選擇你願意和別人談什麼話題。

更新及重述界限的力量

更新

作為人類，我們會改變，我們的界限也會隨之改變。如果你對關係中某些事情的容忍度發生變化，是正常的，你可以創造新的期望。當這種情況發生時，你可以說：「______不再對我有效了，我想要______。」

你也可以放寬你之前的界限。例如，如果你決定晚上六點以後不要加班，那在你願意的情況下，偶爾可以多待一會。

想一想這些問題：

- 是什麼促使我改變了界限？
- 這是暫時的還是永久的轉變？
- 改變界限將如何影響我自己設定的目標？
- 改變界限是否能維持我在關係中的角色？

重述

隨著時間過去，人們可能認為你對他們設的界限已經過期，那就提醒他們（以及你自己）你的期望，包括設定界限的原因。要知道，對方的變化是你在這段關係中設的界限直接產生的結果。

如果過了一段時間，你發現自己違背了你設定的界限，請回想它們之前對你的生活產生了什麼正面的影響，再次堅定地設限，並持續堅持。

你不能改變別人，但是你可以改變

- 你如何對待他們。
- 你能接受的事情。
- 你對他們的反應。
- 你和他們的互動頻率。
- 你讓他們占據多少空間。
- 你參加的活動。
- 他們在你生活中扮演的角色。
- 你與什麼人接觸。

- 你允許誰進入你的生活。
- 你的觀點。

保持一致是關鍵

有時候，你可能也不尊重你的界限。但是，當你發現自己陷入了困境，就走出來吧。說得似乎容易，但是請記住，你不是只能停在原地。一旦注意到你沒有遵守你的界限時，馬上回到對自己信守承諾的位置。

如果你給自己貼上了對任何事都無法堅持的標籤，你就會成為「一個無法堅持的人」。所以，改變你描述自我認知的說法，去掉負面的意涵，改成：「我是一個堅持到底的人」。

> 內在動機的最終形式，是當習慣成為你的自我認同的一部分。說「我是想要那樣做的那類人」是一回事，說「我就是那樣的人」則是完全不同的一回事。
>
> ——詹姆斯．克利爾

練習

拿出你的日記本或一張紙，完成以下的練習：

- 你想成為什麼樣的人？成為你想成為的人，把那個版本的自己展現出來。
- 列出你想對自己設定的界限清單。例如：「存更多錢。」在每個項目旁邊，寫出一個可執行的步驟來幫助你維持界限。例如：「開個銀行帳戶，每個月存進一千元。」

Part 2

設定界限要這樣做

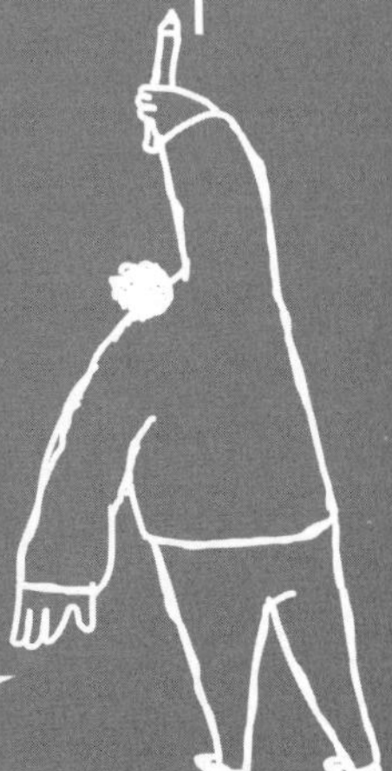

10 家庭篇

堅定的愛，就是創造並保持健康的界限。

詹姆斯厭倦了夾在母親黛博拉和妻子蒂芬妮的婆媳戰爭中，他只希望這兩個人能夠和平相處。蒂芬妮總是對黛博拉有諸多不滿，黛博拉也經常抱怨蒂芬妮傷害了她。而詹姆斯的處理方式，是試圖傾聽但不選邊站。

蒂芬妮很討厭詹姆斯不把母親放在原來的位置，反而允許她成為他們婚姻中的「合夥人」——夫妻倆做的每一個決定，都要先經過黛博拉的同意。詹姆斯很尊重母親，從他的角度來看，黛博拉聰明、成功、可靠，能提供很好的建議。而蒂芬妮則認為黛博拉是善於操控、霸道、有被動攻擊性的人。

蒂芬妮夢想著能有一個像是第二個母親的婆婆，但在和詹姆斯交往七個月、第一次和黛博拉見面時，她卻發現黛博拉才是詹姆斯生命中的女主角。詹姆斯仰賴母親幫忙支付他們的婚禮費用和房屋頭期款，在大大小小的財務決策上也都會徵求她的意見。在他們兩年交往和五年婚姻過程中，蒂芬妮試著請詹姆斯處理黛博拉的問題，但他從未積極面對。黛博拉總是能夠稱心如意。

蒂芬妮不禁埋怨丈夫，因為他沒有挺身面對他的母親。由於這種怨憎，她開始退縮，不參加家族活動；當黛博拉來訪時，她就退回她的房間。現在夫妻倆正在考慮生兒育女，她希望丈夫能開始和他的母親設定界限。終於，蒂芬妮和詹姆斯決定尋求心理諮商，討論黛博拉對這段婚姻產生的影響。

最初幾次的協談，場面非常激烈。蒂芬妮提出一些過去與黛博拉之間的問題，詹姆斯則替他母親說話。第三次協談時，我向他們宣布：「也許，我們應該只關注在場兩位的需求。」將重點拉回兩人身上，對協談很有幫助。偶爾，黛博拉還是會進入這個空間內，作為第三方、一種看不見的力量。當這種情況發生時，我會請詹姆斯和蒂芬妮想想，黛博拉雖然沒有真正在場，但在他們的婚姻中卻始終存有情感上的影響力。他們注意到，他們的爭執大部分都與黛博拉有關，而非單純只是兩個人的問題。

在諮商中，我們談到不與他人過度分享，以保持關係完整的重要性。這對夫婦針對兩人之間想談論的話題設立了界限：他們何時會想與其他人分享某些訊息，以及未來將如何與其他人談論他們的婚姻。

詹姆斯已經很習慣和母親分享他的一切，因此這他對來說很困難。一開始，他還是屈服了，因為黛博拉要求知道更多，以達成她的目的。她似乎很清楚怎麼讓詹姆斯服從。在幾次失誤後，他開始為應對母親的策略做準備。過了一段時間，他終於能夠堅持自己期望的結果。

詹姆斯在學習如何持續地實施界限時，我鼓勵蒂芬妮使用激勵性的言語來支持他改變與母親的關係。詹姆斯很難以成年人的身分與黛博拉互動，母親睿智和關愛的形象已經深植他的大腦，他擔心設置界限會把母親推開。他沒有想過，原來他可以與母親設定界限，還能保持彼此親近的關係，同時緩和他婚姻中的問題以及婆媳間的僵局。詹姆斯的母親希望能給他最好的，但是對他來說，也許最好的，就是和她設立界限。

當你為自己與父母設定界限時，你就長大了

成年，是指年滿十八歲的成年人。即使成年後你依舊和父母一起生活，在法律上，你就是成年人，他們對你生活的參與權也發生改變。當然，如果你住在父母家，你可能要遵守他們的界限，但你仍然可以設定一些自己的界限，即使範圍較小。

成為成年人的重點之一，是成為自己的人生指導。當你更適應一個成年人的身分，就會開始想進一步遠離被父母管的日子。在某些情況下，你的父母可能會暗示，設定

界限是不尊重人的。但請了解，只要用心，就沒有不尊重的問題。如果你怕冒犯父母，不如分享一下何以界限對你相當重要。

你如何挺身面對你生命中最有影響力的人？你如何將你們的關係從孩子與父母的關係，轉變為成年子女與父母的關係？在你的人生中，父母已經對你相當了解，他們知道說什麼會打動你，進而得到他們想要的結果。你可能只是透過他們的肢體語言或注意他們情緒上的變化，就知道你的父母想要什麼。

大多數人都不願意讓父母失望。在我小的時候，我從母親那裡聽到最糟糕的話就是「我很失望」，這句話打碎了我的心，讓我至少在接下來的兩個小時裡，都會乖乖聽話。然而，當你不與父母設定界限時，你就是那個變得失望、怨恨、焦慮的人。對所有成年人來說，在某個時間點，問問自己這句話是很健康的：

「我想要什麼？」

你需要與父母設立界限的跡象

- 你的父母知道你在關係中的私密細節（尤其是對關係造成傷害的時候）。
- 你的父母介入你與他人的爭執。
- 你的父母不尊重你的意見。

- 你的父母未經允許就進入你的個人空間。
- 你的父母堅持你什麼事都必須答應。
- 即使對你而言不方便，你也會出於義務而答應父母的要求。

與父母的界限像是

- 坦誠地表達自己的感受。
- 以最適合自己的行程表和生活方式管理時間。
- 不強迫自己參加每一個家庭活動。
- 讓他們知道你在家裡的規矩。
- 不讓他們突然出現在你的家（房間）裡。
- 不和父母分享你關係裡的親密細節。
- 不在你父母面前製造你伴侶的負面形象。
- 說不。
- 當你準備好時，將你的伴侶介紹給父母。
- 處理自己與他人的糾紛。
- 與父母分享你的意見。

- 清楚表達對父母如何與伴侶互動的期待。
- 拒絕期望你以特定行為作為回報的禮物。
- 告訴你的父母，你不希望他們問起你的約會交友、生小孩、結婚，或是其他會讓你覺得不舒服的話題。
- 拜訪家人時，住在旅館而不是和他們住在一起。

與父母設立界限可以這麼說

- 「我在和新的對象約會，當你遇到他時，不要問他我們什麼時候要結婚，或者會不會結婚。」
- 「我不會回家過耶誕節，因為我已經決定和朋友一起慶祝。」
- 「在你來找我之前，我希望你能先打電話。」
- 「我想要表達我的感受，不想被說某些情緒是不對的。」
- 「我知道你出於好意，也是為我著想，但是我必須自己處理好感情的事情，不需要你提供意見。」
- 「我不會接受你的錢——如果你的用意是要我做一些事情來交換這些錢，或者你以後會說我跟你借錢。」

- 「我明白對你來說與家人保持聯繫很重要，但是我對於這件事有自己的想法，你不必提供意見。」
- 「我和姊姊之間有問題的時候，我不希望你提起這個爭端而夾在中間。我們是成年人，可以自己解決我們的分歧。」
- 「聽你說你和媽媽的事，我覺得很不舒服，請你找別人傾訴吧。」
- 「我吃素，我希望你為家庭聚會準備餐點時，能記住這一點。」

重要提醒

- 與他人的關係有界限，是正常和健康的（記住，你的父母也是他人）。
- 一旦你發現你需要界限時，就說出來。這樣做可以防止你讓事情延續太久之後，可能出現不必要的反應。
- 和父母一起設定界限，對他們和你來說都是新的體驗。如果有阻力，他們可能只是在適應你們關係中新的階段而已。
- 當你執行你的界限時，要明確而且態度一致。
- 當然，你永遠是你父母的孩子。但是，你已經是一個成年人，請用自己的方式存在於這個世界。

節日的界限

在成年後的某個階段，你可能會決定改變你過節的傳統。也許你想獨自在家慶祝，或去旅行，或與伴侶的家人一起慶祝。節日的計畫請儘早開始，若拖到最後一刻才規劃，或是很晚才讓家人知道你偏離原來的計畫，可能會引起更多問題。

節日的界限可能像是

- 請你的家人去住旅館。
- 探親時住旅館。
- 如果你和家人住在一起，要找一些空間和時間獨處。
- 創造新傳統。
- 減少購買禮物，或謹守預算。
- 不要邀請讓你在節日感到不愉快的人參加。
- 如果談話變得很激烈，就轉移話題。

與姻親的界限

如果你有一段相互承諾的關係（無論是否有孩子），對方的家長給你和伴侶帶來壓力是很正常的。我曾經向一個個案說過我的婆婆要來拜訪，個案問我：「妳喜歡她嗎？」在所有的姻親關係中，婆婆（或岳母）是出了名的關係破壞者。

若成年子女沒有與父母設立界限，父母就會成為關係的破壞者。因此，配偶往往要承擔起設定界限的重責大任。我被問得最多的問題是：「要怎麼和別人的父母設定界限？」在《防止嬰兒的婚姻：如何多笑、少吵，陪伴家庭成長》（*Babyproofing Your Marriage: How to Laugh More and Argue Less as Your Family Grows*，暫譯）書中，作者史黛西・克蘿（Stacie Cockrell）、凱西・歐尼爾（Cathy O'Neill）和茱莉亞・史東（Julia Stone）主張與伴侶分享你的問題，共同決定行動方案，並且允許你的伴侶執行界限[13]。

本質上，你與你的家人設定界限，你的伴侶與他／她的家人設定界限，這個方法效果很好——如果你的伴侶同意你提出的問題，而且有勇氣對他的家人這樣做的話。如果你的伴侶還沒有對他／她的父母建立起一個成人子女的角色，你可能會是必須設限的那個人。

然而，如果你不與你的姻親們設置界限，你可能會開始怨恨配偶沒有為你們的關係挺身而出，或是討厭他的懦弱。向你伴侶的父母談論界限問題時，必須讓你的伴侶有機會代表你發言，整件事才行得通。

態度要和善而溫柔。設定界限很不容易，對很多人來說，跟家人設定界限尤其困難。你的伴侶正在煩惱的，可能是非常困難而令人害怕的事。

你需要與姻親設定界限的跡象

- 他們讓你的特殊家庭活動（例如婚禮）變成以他們為中心。
- 他們對家人說你的閒話。
- 他們不喜歡你，而且已經告訴你了。
- 他們公開對你的孩子談論對你的負面看法。
- 他們質疑你的教養方式。
- 他們為你的家務事做決定。
- 他們鼓勵你的配偶或孩子對你有祕密。
- 他們比你先知道你的伴侶發生的重要事情。
- 他們給你的禮物有附帶條件。

- 他們送給你孩子的東西，是他們知道你不想給孩子的。
- 他們不尊重你養育孩子的方式。

與姻親的界限像是

- 清楚地說出你的育兒理念。
- 要求你的配偶支持你與公婆／岳父母設定的界限。
- 直接要求你的伴侶執行與他父母的界限。
- 如果你知道收禮物有附帶條件，就不要接受。
- 對你的伴侶和孩子明確表達：保留祕密是不對的。

與姻親設立界限可以這麼說

對姻親

- 「我們希望孩子能對我們坦誠，請不要建議他們對我們保有祕密。」
- 「我知道您很關心我們家，我也明白您想有參與感。然而，重要的是，我們想靠自己的力量度過一切。」
- 「我們很感激您願意在經濟上幫助我們。當您這樣做的時候，請從您心中的善意出發，不要期望我們必須有回報。」

- 「您的育兒方式似乎和我們的做法不同。我們請您尊重我們教養孩子的方式，支持我們對他們的期待。」

對伴侶

- 「我知道你和你父親關係很好，但是，請不要跟他討論我們性生活的私人細節。」
- 「當你有事情卻先告訴你父母的時候，我覺得被冷落了。我想當第一個知道你發生什麼事的人。」
- 「你瞞著我和你的父母談事情是不對的。」
- 「當我和你父母設定界限時，我希望你能支持我。」

重要提醒

- 當你的伴侶在學習與父母設定界限時，要溫柔地對待他／她。
- 如果你的伴侶不和你的公婆／岳父母分享你的界限，你可以自己說。
- 不要讓侵犯界限的行為持續太久而不加以干預。

與其他家庭成員的界限

「我妹妹討厭我所有的朋友。每次我邀請她和我的朋友出去，她就會找理由跟他們發生爭執。這種情形從我們分別去讀不同的大學就已經開始了，她似乎想成為我唯一的夥伴。」莫妮卡已經厭倦了將妹妹放進每一個計畫中，卻總是被她搞砸一切。在莫妮卡二十三歲的生日派對上，她的妹妹與她的大學室友發生爭執，之後，她整個聚會的大部分時間都在設法安慰她的妹妹。

就像你的父母一樣，其他家庭成員也知道如何影響你，不管是你的兄弟姊妹、表兄弟姊妹、姑姑阿姨、叔叔伯伯，或是祖父母，可能都希望在你的生活中扮演一個重要角色。讓他們插一腳沒有關係，但你必須引導他們以你想要的方式出現。

你需要與其他家庭成員設立界限的跡象

- 他們利用內疚感，讓你做他們想要的事情。
- 他們分享讓你覺得尷尬的私事。
- 他們對你選擇約會的對象有意見。
- 他們在討論對你的意見時沒有保留。
- 他們對你說其他家庭成員的八卦。

- 他們與其他家庭成員透露你的私事。
- 他們強迫你過你不想要的生活。
- 你與他們有共依存的關係。
- 你們的關係糾纏不清。

與其他家庭成員的界限像是

- 允許保持個人距離。
- 參加家庭活動是因為你想參加，而不是因為你被迫參加。
- 不允許家人評論你不想討論的約會狀態、體重或你生活中的任何事項。
- 確定在與家人的關係中，你想要什麼。
- 創造一個與家庭傳統不同的經驗。

與其他家庭成員設立界限可以這麼說

- 「我們不像以前那麼親密了，我知道這影響了我們的關係。如果你表現出嫉妒，並且整個晚上都要當主角的話，我不會邀請你和我的朋友們一起出去。」
- 「我們在政治上意見不一致，所以家庭聚會時我們不應該討論政治。」

- 「我知道你很關心我的感情狀態。但是，我不希望你提供我約會的建議，或是問到我的交往情形。」
- 「我很關心＿＿＿（某位家人的名字），但是我不會再幫他付帳單了。」
- 「我不想捲入家庭的糾紛，我不會再當和事佬。」

重要提醒

- 你可能是你家中第一個設定界限的人；請記住，做出改變可能會導致不受歡迎的後果。
- 設定界限會改變別人對你的看法。

「共親職」之間的界限

「繼續和我自戀的前夫在一起，怎麼可能活到孩子們的後半生呢？」有一天，傑森在協談的時候告訴我，他的前妻潔西卡向孩子們如此負面地批評他，而她也把管教孩子的事留給傑森，讓他當壞人。她操縱孩子們，告訴他們她多希望自己能有更多的時間陪他們，即使她堅持只要一半的監護權。

傑森發現他愈來愈難與潔西卡溝通，因為她一再告訴他，他才是離婚而對孩子導致不良影響的罪魁禍首。

「共親職」（co-parent）一詞適用於有配偶或無配偶的父母。即使是已婚或離異但大致上關係和睦的夫婦，用兩套不同的理念來教育孩子，在執行上是很有挑戰性的。家長彼此之間的關係不佳，可能在不知不覺中對孩子產生負面影響。而當我們與某人有了孩子，我們就永遠與他們有關聯。我知道與難相處的前任共同養育孩子是很困難的，因此更需要有健康的界限。

你需要與共親職有更健康界限的跡象

- 他們以負面方式向孩子談論你。
- 因為你和另一方家長意見不同，所以你們的決定對孩子產生負面的影響。
- 孩子目睹父母之間的辱罵、口角、情感虐待或家庭暴力。
- 孩子被迫選邊站（選擇誰是誰非，或他們想要親近的父母）。
- 孩子被用來作為爭執的籌碼。

與共親職的界限像是

- 在和孩子談之前，先一起討論問題。

- 如果有監護協定，就要遵守協定。
- 不與孩子分享關於對方的不當資訊。
- 建立如何在孩子面前爭吵的規定。
- 如果問題無法和睦地解決，請找一個調解人。
- 送孩子到對方家時，指定一個接送地點。

✚與共親職設定界限可以這麼說

- 「雖然我們在這個問題上意見不一致，但我想知道可能有什麼合理的折衷方式。」
- 「我認為最好是有調解員幫助我們決定，關於監護權和子女撫養費，什麼決定才是公平的。」
- 「我們的孩子不應該看到我們吵架。我不會在他們面前有不恰當的交談。」
- 「請不要在孩子們面前談論我，以及你對我的看法。」
- 「孩子們看到的東西都會影響他們，即使意見不同，我們也該向他們展現如何擁有健康的關係。」

✚重要提醒

- 透過守住你們的關係，你正在教導孩子如何維持自己的關係。
- 孩子們希望有安全感。
- 你只能做好你的本分。如果你設定了一個界限，就必須加以尊重。
- 父母親和睦相處，會讓小孩、大人都受益。

與孩子的界限

十八歲以下的孩子，在情感上還沒有能力處理大人的問題。即使在他們的年齡已經算是成熟，仍然不適合讓他們分擔成年人的壓力。當然，隨著年齡的增長，他們有能力面對更多事情，同時也能聽得進說明，使他們理解更多成年人的概念。

界限能幫助孩子感到更安全。儘管他們不見得同意，但還是會從規定和架構中獲益，界限對於教會他們如何對待他人和擁有健康的關係，至關重要。

我會一再使用「適齡」這個詞，來描述界限對不同年齡群的適切性。當我的個案不確定什麼適合某個年齡層的時候，我會請他們想一下他們小時候所接觸的東西。可能他們自己的經歷對他們當時的年齡來說，是不合宜的。

我要求他們考慮電視分級、特定玩具的年齡建議，以及醫生對孩子從事某些事情的安全建議。這些建議不只是一種規定，家長應了解其背後的原因。

你需要與孩子設立界限的跡象

- 他們沒有規範。
- 你的教養方式過於放任。
- 你把孩子當作知己。
- 你的教養方式只是懲罰性的。
- 你允許他們對別人說不恰當的話。

與孩子的界限像是

- 為孩子設定一個適合他們年齡的睡覺時間。
- 確保他們有健康的食物可以選擇。
- 視孩子的年齡採取適當的方式討論感情和情緒。
- 不把孩子當作知己。
- 不期望孩子成為家中年幼孩子的照顧者。

- 教會孩子用適合自己年齡的方式照顧自己。
- 帶孩子接觸適合年齡的娛樂活動。
- 監測網路和社群媒體的使用情況。

✚與孩子設立界限可以這麼說

- 「你明天早上九點鐘要上學，該睡覺了。」
- 「你今天喝水了嗎？先喝幾杯水，不然不能再喝果汁了。」
- 「我是家長，我會照顧你的弟弟。」
- 「請你回房間去，我要和奶奶單獨談談。」
- 「你看的東西不恰當，我要更改設置，過濾掉不適合你的內容。」
- 「覺得生氣是可以的。當你生氣時，可以用什麼方法表現出來？」

✚重要提醒

- 即使孩子看來很成熟，也要讓他們留在屬於孩子的世界。
- 孩子不需要知道大人發生的所有事情。
- 當限制持續存在時，孩子們會感到安全。

教孩子如何擁有健康的界限

大人們常常忘記，孩子們也需要界限。這種遺忘就像是成人大剌剌地說出這樣的話：「你是個孩子，所以沒有人會在乎你的感受。」

✚ 大人們請記住，孩子們

- 有自己的情感，能夠探索和表達感受，將使他們獲益匪淺。
- 會受成人讓他們接觸的事物所影響。
- 會受成人如何應對他們的問題所影響。
- 會對成人給予他們的感受保持記憶。
- 不是同伴也不是知己。
- 缺乏適當處理成人問題的心理能力——不論他們的行為反應為何。
- 有界限。

與我進行諮商的大多數成年人，能清楚記得他們在童年時的界限如何被侵犯，至今仍在努力彌補這些侵犯行為造成的傷害；即便他們成年了。在生活中也很難保有健康的界限。因此，孩子們必須學會，擁有界限對他們來說是健康的。

孩子們意識到，他們不能要求自己的願望得到尊重，所以會請求大人在他們提出要有健康界限的微小請求時，傾聽他們的聲音。

孩子設立界限可以這麼說

- 「你能不能不說爸爸的壞話？」
- 「你從來都不理我。你可以聽我說話嗎？」
- 「我不想給你抱抱。」
- 「我需要你放下手機，多花點時間陪我。」
- 「我不喜歡和奶奶說話，她總是對我很兇。」

當孩子提出這樣的要求時，傾聽他們的聲音，並且盡可能尊重他們的界限，這一點很重要。

與家人設定界限非常困難。多年來，你的家人已經習慣了你的行為模式和扮演的角色。當你不希望情況一直這樣下去，改變就是必然的。踏出第一步很不容易，但與家人設立健康界限，你們可以創造彼此更好的關係。

練習

拿出你的筆記本或一張紙，完成以下的練習：

- 你對與家人設定界限的感受為何？
- 你認為你的家庭中誰最能接受你的界限？
- 你認為你的家庭中誰最難接受你的界限？
- 舉出兩個你想對家人實施的界限。
- 為了讓家人遵守你的界限，你需要採取哪些行動或後續行動？

愛情篇

我們不會自然而然進入完美的關係，而是創造出這樣的關係。

麥爾坎和妮可在決定同居前已經交往一年了，一起生活兩年之後，他們發現自己經常為了家務事、花多少時間在一起，以及他們之間的未來爭吵。吵架的時候，麥爾坎經常因為不高興而離家數小時，回來之後的好幾天，對妮可的態度顯得很冷淡。

在諮商過程中，妮可因為他們溝通不良而哭泣。她知道她和麥爾坎深愛著對方，但實在搞不懂他們為何有這麼多爭吵。

同時，麥爾坎形容妮可是「一個嘮叨的人」，不會直接說出她想要的東西，而是以一種隱晦的方式來暗示。這讓麥爾坎很惱火。每次他生氣的時候，就會忽視她的被動攻擊式要求。

而妮可最重要的問題是，她很想結婚。她從來沒想過和麥爾坎一起生活了兩年，卻連訂婚都沒有。她變得怨氣沖天，兩人吵架時，她會經常提起結婚的問題。

然而，麥爾坎不確定自己是否想結婚。他們在一起生活半年後，妮可才開始談及此事。麥爾坎把她的顧慮推脫得一乾二淨，但這種方式始終沒有解決他們的問題。

很明顯，這兩個人需要幫助，討論他們在意見分歧時經常發生的溝通問題，從根本上解決。他們以為我會評斷他們誰是對的，或誰應該改變，但我沒有，而是問他們剛交往時彼此是否曾達成任何協議。

除了「我愛你，你愛我」之外，麥爾坎和妮可從未談到各自認為在這段關係中可以接受的行為。因此，麥爾坎會在爭吵時離開現場。他們也未曾討論各自的期待，像是妮可想結婚，麥爾坎卻不確定。三年來，他們之間存在著對另一方未言明的界限和違反界限的憤怒。

從一開始我就清楚知道，這對情侶的關係中有界限問題。

回歸基礎

第一章中，我們討論了可能需要設定界限的跡象。以這對情侶來說，妮可對麥爾坎懷有怨懟，而這怨懟正開始在兩人的日常交往中表現出來。她經常不明確、直接地說出自己的需求，而是以一種被動攻擊的方式來表達。例如，她會說：「希望你從你媽媽家回來以後，還會有時間做飯，你有說你要煮。」我的建議是，如果她有自信些，可以說：「五點以前回家，這樣你就可以煮飯給我們吃了，或是帶些吃的回來。」如此明確表達她的需求，就可能避免爭吵，但她卻總是製造一個往往以爭吵告終的狀況。

在第二章，我們談到了不設立界限的後果。妮可累壞了，所以她會說這樣的話：「我厭倦了當一個______。」或是：「我總是在想麥爾坎想要什麼。」她覺得自己付出很多，得到的回報卻很少。

麥爾坎想要的是平靜，當平靜被激烈的爭吵打斷時，他就會用離家出走的方式設定界限。

在第三章，我們討論了阻礙人們設定界限的因素。妮可不想為直接說出她想要的東西而感到內疚，也擔心麥爾坎會不願意滿足她的要求。由於他們沒有一起把問題釐清，也就不知道結婚是不是他們關係裡的一個選項。

在第六章，我們詳細介紹了辨認和溝通界限的方法。透過幫助妮可和麥爾坎溝通他們的界限，也給了這段關係一個繼續健康發展的合理機會。

在討論完他們的各項需求時，我們得出以下結論：

妮可的需求

清楚地認識到關係的未來發展，是希望有一天能結婚；家庭的支持。

麥爾坎的需求

改善發現問題的方式，用更有意義的溝通而不是爆炸性的爭吵來解決問題。

首先，我幫助妮可以一種麥爾坎能夠理解的方式，清晰地表達她的願望。令她驚訝的是，麥爾坎聽懂了，並說他會尊重她提出在家裡需要更多支持的要求。我們談到直接尋求協助的方式，例如：

「我需要你幫我＿＿＿＿。」

「五點以前要回家，因為我希望我們一起吃晚餐。」

「我安排了一個約會之夜，讓我們花些時間在一起。」

當這對情侶懂得提出明確要求後，他們注意到，吵架的頻率和強度減低了。

麥爾坎也坦承，由於他父母的關係不佳，身邊許多婚姻失敗案例更是層出不窮，因此當談及結婚話題時，總會讓他感到焦慮。在諮商中，他們開始討論兩人的問題和障礙，彼此讓步，為雙方關係設定了一套新的協議。

關係協議

在每種關係中，我們都是根據一套明顯或隱性的協議（規則和界限）而互動。根據協議，我們的關係會因人而異。在某個關係中，我們可能發現自己更愛爭論；而在其他關係裡，爭論就不是可以被接受的方式。不可接受的原因在於，到了某個階段，雙方會達成一個明確或隱晦的約定，而爭吵並不適用於這種關係。例如，你可能對於「和老闆爭論」有這樣口頭或心照不宣的協議。

健康界限的明確協議

「不要對我大聲咆哮。」
「我想要一個開放式的關係，我們能跟對方討論彼此的其他伴侶。」
「我想見見你的朋友。」

不健康界限的隱性協議

你以為人們知道在你們的關係中應該有何作為。
你以為人們會在未經告知的情況下，滿足你的需求。
你以為人們會自動知道你的期望。

相反地，我們必須認為人們只知道你告訴他們的事情，只會尊重你的要求，不能讀懂你的心思。

關係中的正確習慣

- 定義什麼是擁有健康的關係。
- 評估你為什麼與某些人建立關係。
- 注意你與人交往時的能量。
- 做對你來說感覺對的事。
- 安心面對一個不是大家都能接受的關係。
- 挑戰對於關係的社會規範。
- 發現在關係中什麼讓你感到快樂。
- 透過做出健康的選擇來尊重你的感受。

設定期望值

在關係中的任何時候，都要設定期望，而且愈早愈好。如果你想結婚，就必須知道跟你交往的人是否也想結婚。如果你不想生孩子，就必須知道和你交往的人是否想生孩子。從這個清楚認知的空間，你可以刻意在你們的關係中創造協定，讓彼此都有清楚的認知。

關係一開始的時候很有趣，彼此似乎也很容易取悅。但是，你能做的、對雙方都有益的事，就是誠實。而且，為了節省自己的時間和免去很多的心碎，當別人說「我不想要認真的關係」、「我不認為我適合結婚」、「我所有的前任都說我瘋了」或是「我看不到自己有小孩的樣子」，請你相信他。

如果你可以接受這些說法，表示你們可能是相當匹配的。然而，如果你想要的東西和對方恰恰相反，就去找其他和你有同樣期望的人。否則，你會在這段關係中花大部分時間去說服對方提供你想要的東西。很少有人會改變他們的心思去安撫另一個人，至少不會太長久。

你和對方約會幾次後，就是開始談論你的期望的最佳時機。你可能會擔心說真話會把對方嚇跑，然而正因如此，要是對方真的打退堂鼓，就表示你們並不適合。

在一段關係的開始，一定要了解以下幾點

- 這段關係的計畫是什麼？

- 你們有相似的價值觀嗎？
- 有什麼問題可能造成你們未來關係破裂嗎？
- 你們要如何處理糾紛？
- 在這段關係中，什麼是可以接受的？
- 你想為這段關係實施哪些特殊的規則？

如果你深陷一段沒有事先討論界限的關係，現在就弄清楚，與你的伴侶溝通。根據你對你們之間出現的具體問題的感受，你就會知道在哪些方面需要設限。留意你是否感到怨恨、倦怠、挫折、將就、不安和憤怒，這些情緒會直接引導你找到關係中哪方面需要設定界限。

溝通不良是導致離婚和分手的主要原因

我作為關係治療師，輔導夫妻（伴侶）已經十三年了。夫妻尋求治療的最主要原因，就是為了改善溝通。事實上，我認為大多數關係的問題都出在溝通。如果你在Google上搜尋「夫妻書籍」，大部分的書籍都是關於這個主題的。

在我多年輔導夫妻的過程中，我對他們常在沒有先討論交戰規則的情況下就開始交往感到驚訝，包括在關係中可以和不可以做的事。意即，在這段關係中，什麼是可以接受的，什麼是不可以接受的。以下是一些溝通問題常發生的領域：

忠誠

- 你們的關係是一對一的嗎？
- 一夫一妻制是什麼意思？
- 出軌要怎麼定義？
- 如果有人出軌會有什麼後果？

財務

- 在這段關係中，你要如何管理你的金錢？
- 誰負責支付帳單？
- 你們的短期和長期財務目標是什麼？
- 你們會有共同或分開的銀行或股票帳戶嗎？
- 你們當中的一方或雙方是否有財務問題？

- 如果出現財務問題，你們將如何解決？

家庭

- 誰負責做什麼家務？
- 如何分工才不會都落在一個人身上？
- 如何合作才能滿足家庭的需求？

孩子

- 你們想要孩子嗎？
- 你們想要幾個小孩？
- 你們的育兒方式是什麼，或者你認為會是什麼？
- 與孩子有關的意見分歧時，你將如何處理？
- 一旦有了孩子，你將如何維持與伴侶的關係？

外部勢力

- 你如何處理與伴侶家人的問題？

- 當你不同意伴侶處理問題的做法時，會發生什麼？
- 是否可以和他人討論你的感情關係？如果可以，是誰？
- 你如何保護你們的關係不受他人侵害？

對話可以挽救關係，
即使對話令人感到不適。

不僅要多溝通，溝通什麼也很重要。進行對話可以挽救關係，即使對話令人感到不適。所以，在問題成為問題之前，要願意談論這些問題。預防以上常見的溝通失誤，能讓你在未來免於爭吵。

自信能將誤解和反覆爭執減到最低

說出來是很難的，尤其當你底層的信念是：

- 他們不會在乎。
- 他們不會尊重我的請求。
- 他們不會認真對待我。

- 他們不會了解我。
- 這不會有任何幫助。
- 我不想當壞人。

在健康的人際關係中，溝通自己的需求是受歡迎和尊重的。在不健康的關係中，人們會忽視你、抗拒甚至挑戰你的界限。在我的諮商經驗中，許多夫妻對事情隱忍不說，是因為他們害怕對方可能會說出來的話。

珍妮絲和莎拉前來尋求治療，是因為珍妮絲想要更多的性生活。當我問這對伴侶：「妳們想多久做愛一次？」她們異口同聲地說：「一週兩到三次。」

這種情況很常發生。為什麼會這樣呢？因為大多數夫妻沒有去找解決方法，而是為了問題爭吵。她們沒有開口表明「我想要每週進行兩到三次性愛」，並主動發起性行為，相反地，大部分夫妻都採取爭吵的方式，抱怨：「我們從來都不做愛。」

確切地給你的伴侶設定一個期望。你不再只是對問題作出反應，而是積極主動地解決。當你面臨關係中的某個挑戰時，請問問自己：

1. 「真正」的問題是什麼？
2. 我的需求是什麼？

3. 我要如何和伴侶溝通？
4. 我怎麼做才能確保我的需求得到滿足？
5. 為了滿足我的需要，我想從我的伴侶那裡得到什麼？

創造一個開放的溝通環境

開放式的溝通，是一種保持空間以解決問題的方式，讓問題不再影響你的關係或當事人的健康。但是，開放的溝通並不意味著你可以對伴侶刻薄，或是把你不喜歡的一切都發洩在伴侶身上。例如，你不能說「我恨你媽媽」這樣的話，還認為那是「開放」。然而，你可以這麼說：「我想改善我和你媽媽的關係，因為我注意到我們之間有點緊張，你能建議我該怎麼做嗎？」

當然，一開始就建立良性的溝通是最好的，但若你已經在一段關係中，重要的是展開對話。在小問題變成大問題之前，主動進行開放式溝通，效果最佳。小事情很容易累積，所以即使你認為那是「沒什麼大不了的問題」，也要處理好。你會驚訝於這些「小事」後來怎麼變成大麻煩的，比如：

「他會把鞋子脫掉，然後把它們留在地板中間。」

「她從來不問我晚餐想吃什麼。」

「他從來沒有把我的車送去維修。所有的事情都是我要做。」

告訴你的伴侶你需要什麼，讓他們尊重你的界限。保持沉默會讓你發怒。

以下是情感關係中常見違反界限的例子與解決方案：

「我討厭我的婆婆。我的先生不願意挺身面對她。我該怎麼辦？」

看著丈夫被他的母親利用，你可能會很難受。不過，他們很可能一輩子都是這樣互動的，你無法讓人們意識到他們看不到的事情。你也許可以跟你的先生多談談他們之間的關係，溫柔地給他一些小的解決方案，但是你婆婆的問題不會在一夜之間就解決。這需要你花時間和耐心。

至於你和婆婆的關係，你可以建立任何你想要的界限。唯一要提醒的是，要小心沮喪的時候，不要在你的伴侶面前說你公婆的壞話。無論有什麼問題，你不會想要搞糟你的伴侶與他父母的關係。

在可能的情況下，讓你先生直接和他母親解決問題——但不是說「我老婆說——」，而是用「我們」的措辭，例如「我們認為——」。使用「我們」的語言聽起來會像是共同的決定，而非只有一個人的意見。

「**我的伴侶總是遲到，每件事都這樣。**」

如果你已經說出你的界限了，但是沒有受到尊重，你就必須改變你的行為，以保持平靜。這裡有一些可能的選擇：

- 各自開車。
- 習慣對方遲到。
- 向你的伴侶發出警告。
- 接受自己和一個習慣性遲到的人在一起。

「**我的伴侶把錢借給家人，我討厭這樣。**」

不借錢給別人可能是你的規矩，但不是你伴侶的規矩。

這裡有幾個解決問題的選項：

- 如果你的伴侶使用你的聯名帳戶，你可以設一個規則，只使用可自由支配的金額來幫助別人。
- 如果有人習慣性借錢，要制定一些規則。

- 討論借錢對你家庭的短期和長期影響。
- 討論資金的其他用途。

長期情感關係中的困難期

根據統計，大多數婚姻中，在結婚的第一年內、孩子出生後不久，以及孩子離開家的時候，婚姻滿意度會下降。

第一年

對於許多夫妻來說，學習如何共處是很具挑戰性的，無論是在情緒上、空間上或是財務上。他們在結婚後的第一年裡，要設法適應他們的姻親家庭及許多新的角色和經驗。

在與新婚夫婦協談時，我注意到以下三個議題：

1. 學會如何使用個人時間，以及平衡工作和其他人生的角色。
2. 分配家務和責任。
3. 管理期望和與姻親家庭的關係。

婚後第一年，需要學習建立共同的生活。在這段時間裡，必須清楚你們的個人界限以及共同的界限。比如說：你需要什麼？作為夫妻，你們兩個人需要什麼？

這兩套界限同樣重要。很多夫妻在第一年就遇到困難，只是因為他們沒有明確設定自己的界限和期望。

共親職

兩個人會有兩種不同的教育理念。很少父母對所有的事情都有共識（實際上，我從來沒有見過，但還是有希望）。許多夫妻在養育子女時，假設另一半會知道他們需要什麼，並且會滿足這些不說出口的需求。

我被邀請上《全能媽媽》（*Whole Mamas*）播客節目時，主持人史蒂芬妮·格倫克（Stephanie Greunke）談到，希望能夠在最少的干擾下準備晚餐。她希望她的丈夫能解讀形勢、主動幫忙，卻從未想過直接跟他說：「我在準備晚餐的時候，請你帶孩子們上樓，讓他們去玩，好讓我能趕快煮完飯。」相反地，她沉默地忍受一切，最後終於心生不滿。

當夫妻成為父母後，他們的關係就不那麼浪漫了，而開始照顧小孩後，兩人之間的關係也變得更加疏遠，變得公事公辦，諸如餵孩子吃飯、洗澡、穿衣這些基本的事情，都需要花費精力、時間和決心。為了讓家庭順利運作，夫妻商量共乘接送和採買日用品等事，而不是分享最新的八卦或他們對總統選舉的看法。他們談論的話題換成了「尿布看起來是不是滿了？」的問題。

這些改變可能比人們意識到的更深刻。基本身分的改變，可能是從妻子轉變成母親，或是從戀人轉變為父母[14]。除了性的親密關係外，新手父母往往不再說或做一些取悅配偶的小事。調情的簡訊被像日用品店收據一般的資訊取代。

在生孩子之前，一定要溝通好，在你們的關係中保持浪漫的完整性。在孩子到來之後，記得要有意識地重視與伴侶的關係。當孩子的需求似乎比約會之夜更重要時，要做到這點並不容易，但是擁有健康關係的父母，會讓孩子們受益匪淺。謹記這個原則，把婚姻當成首要任務。

父母親的重要界限

- 持續進行約會之夜。
- 為個人和夫妻時間尋找可重複幫忙的保姆。
- 向家人求助。
- 給孩子指定睡覺時間。
- 優先安排時間聊孩子以外的話題。

✚空巢

當孩子長大離開家時，父母面臨了空巢期。把自己的認同感建立在養育子女的父母們，可能會覺得很難適應，特別是要把焦點轉回到浪漫關係上，可能會很有挑戰性。但是，孩子並不是拋棄自己和婚姻的理由。當你成為父母時，你的生活中多了孩子，但是你不會為了養育孩子而放棄你的生活。

如果你為人父母時沒有設立界限，以維持你和伴侶間浪漫關係的完整性，請從現在開始。承諾再一次認識你的配偶、約會、共度時光。你無法重新塑造你以前有的東西，但是你可以創造新的。

溝通不良的詛咒

我說過，大多數感情關係最大的問題是溝通不良，如果人們在約會過程中能學會更早溝通自己的期望，就會更幸福。溝通失敗等於錯失一個讓你的需求得到滿足的機會。人們未能成功溝通自己的需求，最主要的原因就是，他們害怕被視為苛刻或依賴。

然而，有需求並沒有錯，認為你的伴侶會願意滿足你的大多數需求，也很合理。所以，請早點說明，否則將導致分手或離婚。

合理範圍內的需求

滿足你的需求並不是一個人的責任。比方說，如果你只想要有人聽你說話，而你的伴侶卻通常想提供你建議，那麼找別的朋友分享可能對你更有幫助。我們不能改變別人或說服他們成為與他們內在本質不同的人，而你的有些需求，可能會令你的伴侶覺得像是企圖改變他們。在你們的關係中，考慮你的要求是否合理非常重要。當對方無法滿足你時，這種請求是不合理的。例如，不合理的請求可能像是：「你絕對不能提起過去。」合理的請求可能聽起來像：「如果你提起過去，我會告訴你，你越界了，我會重新改變我們的話題。」

練習

拿出你的日記本或一張紙，完成以下的練習：

如果你是單身，問問自己

- 我在關係中的五大需求是什麼？
- 我何時會溝通我的界限？
- 我要如何自然地溝通界限？
- 哪些問題對我來說最難設定界限？
- 我要如何讓可能成為伴侶的人接受我的界限？

如果你正處於一段關係中，問問自己

- 我在關係中的五大需求是什麼？

- 我的伴侶知道我的需求嗎？
- 我在關係中最大的問題是什麼？
- 我是否與伴侶設定任何界限？
- 我是否尊重我與伴侶設定的界限？
- 我可以用什麼新的方式與伴侶分享我的界限？

友情篇

你的界限，反映了你願意為理想生活代言的程度。

「我討厭我的工作！」凱文的朋友戴夫，在下班回家的路上打電話給他。戴夫在電話裡抱怨他的工作、他的太太……，凱文感到枯燥乏味，困擾不已。他愛他的朋友，但每次戴夫打電話來，凱文都會深吸一口氣，然後才接電話——他知道戴夫又要跟他抱怨了。這樣的「單向通話」，每週至少發生兩次。

不過，每次當凱文需要幫忙的時候，戴夫都會挺身而出。他們從高中開始就是最好的朋友，雖然沒有就讀同一所大學，但一直保持聯絡。由於兩人回家都要開三十分鐘的車，因此習慣一週通電話兩次，而且整天發訊息。

凱文覺得戴夫很有趣，很外向，跟他在一起很好玩，但凱文無法忍受戴夫總是不斷抱怨。與其說是真正的對話，凱文事實上多半只說「嗯嗯」，很少給予回饋。他害怕跟戴夫通電話，卻沒想到他可以針對戴夫抱怨的事給些意見，或是試著改變他們的談話模式。

凱文認為自己是一個有主見、主導型的人，但他完全不想傷害好友的感情。他想維護他們的友誼，同時在彼此的互動中製造一些距離。他試著偶爾不接戴夫的電話，但只要戴夫說：「我之前打過電話給你。」凱文就覺得自己必須給一個「合理」不接電話的理由，既然他沒有合理的理由，他就繼續接聽。

「我該怎麼做才能不接他的電話而不覺得愧疚？」凱文問我。我告訴他，緩解內心的不安不是一朝一夕的事情，但只要愈常練習設定界限，就會愈覺得安心。

起初，我請凱文在和戴夫通電話時，多說自己的事情，看看這樣是否能改變對話。他注意到，這有一些幫助，不過戴夫大部分時間還是在抱怨。接著，我請凱文引導對話的進行，主動對戴夫說：「跟我說說今天發生的好事吧。」這個策略也有效，但戴夫還是會抱怨。凱文決定他可以每週和戴夫講一次電話，每次十五分鐘，而不是以往的三十分鐘。

大多數情況下，凱文會遵照我們討論過的方法進行，然而只要他一鬆懈，就會立刻嘗到苦果，又重啟每週兩次、每次三十分鐘讓他感到很無奈的對話。

設定界限，或承受不設定界限的後果

除了家庭，朋友之間是最難設立界限的關係。你的朋友經常向你吐苦水、分享他們的感受。如果你覺得他們很可能認為設立界限是刻薄的、討人厭的行為，就會讓設定界限變得困難。但請相信，還是有希望成功的，很多友誼都經過這些要求的考驗，也許你的朋友也將如此。而且要記得，如果一段關係因為設立界限而結束，那就是一個跡象，顯示你們之間有更大的問題。根據我的 Instagram 調查，百分之八十一的人對於朋友談論他們約會習慣的方式有意見。當問題沒有得到解決、沒有設置界限，關係的挑戰就會持續存在。

我們的關係反映了我們的界限，或是缺乏界限。別人不知道我們的傾聽能力或情感能力，所以我們要用自己的言語和行為讓他們知道。

那麼，我們要如何無愧於心地行使自己的界限？這很難，但它們就像肌肉一樣，只要設置得愈多，就愈容易設定和維持。我們認為一旦設定了界限，朋友會傷心欲絕，這可能是因為我們聽過他們怎麼抱怨別人的。但是否有可能，他們要為自己與他人的問題負一些責任？

我在大學裡有一個朋友，她抱怨男朋友和其他朋友對她的評價。我聽了一會兒，後來我開始評估她言論的真實性。我不該告訴我的朋友她做了錯的事，但我也不需要聽她抱怨別人如何冤枉她。如果我一邊假裝聽她說話，一邊重複說「嗯嗯」，這不一定是「好」的。所以我開始轉移話題，朝其他的主題發展。對我來說，要有參與感，就必須和談話主題產生連結，使兩人之間的對話充滿吸引力。我欣賞她的很多優點，也不想結束我們的關係，所以把我們的對話引導到不同的方向，讓我能夠與她建立更健康的友誼。

你知道健康的友誼和不健康的友誼之間的差別嗎？

健康的友誼

- 你的朋友希望看到你成長。
- 這段友誼是相互支持的。
- 這段友誼是互惠互利的。
- 隨著你的進步，你的友誼也進化了。
- 你明白如何支持對方。
- 設定界限不會威脅到友誼。
- 你的朋友很高興你能做自己。

- 你的朋友知道你的怪癖，而且會包容你。
- 你可以向朋友傾訴你的感受。

不健康的友誼

- 你們的友誼是競爭性的。
- 當你和朋友在一起時，你會表現出你最糟糕的行為。
- 你在與朋友交流後感到情緒低落。
- 你的朋友會在別人面前讓你難堪。
- 你們沒有任何共同點。
- 你的朋友與他人分享你的個人生活細節。
- 這段友誼不是對等的（也就是你付出的比你接受的多）。
- 你們無法解決分歧。
- 你的朋友不尊重你的界限。
- 這段關係是糾結的／共依存的。

處理抱怨

抱怨可分為三類：發洩、解決問題或反芻。發洩是一種談論問題而不尋求指引的方式，純粹為了發洩你的沮喪感。解決問題是尋求如何修正問題的指導或建議。反芻是指反覆談論同樣的問題，不去試圖解決問題或真正去處理你的挫折。

反芻基本上是在對人倒垃圾。我很少聽到人們對於發洩或解決問題有意見，但反芻就是問題了。

幾乎每個人都會抱怨一些事情，然而頻率是重點。沒有人喜歡聽別人不斷反覆說同樣的事情。那個一直抱怨的朋友，是因為我們提供了他這樣的空間，所以才會無限制地抱怨。

應付慣性抱怨者的方法

1. 適當的時候表達同情。
2. 改變話題，重新引導談話。
3. 對話要刻意，要緊扣主題。
4. 以身作則，不要抱怨。

5. 在提供意見之前先問，並且留意對方是否能接受事實。
6. 不要敷衍（如「沒那麼糟」或「你會熬過去的」）。
7. 在你做了所有你能做的事之後，對你們可以談話的時間和頻率劃出一道明確的界限。

✚ 當你不想給別人建議的時候，該怎麼跟他說？

1. 「我不知道該怎麼幫你。」
2. 「這聽起來是個大問題。你有沒有想過對造成你困擾的人說出來？」
3. 「你有沒有想過如何處理這個情況？」
4. 「我會怎麼做，完全是以我為基礎的偏見。我想知道在這種情況下你會做什麼。」

如果你是那個抱怨的人，對自己設置一些界限會對你有幫助。

✚ 如何管理自己的慣性抱怨

1. 注意你抱怨的頻率。
2. 說明你是單純的發洩還是想尋求意見。

3. 有意識地思考你與人對話的目的。

4. 透過寫日記來梳理情緒問題，會很有幫助。

友誼中界限問題背後的原因

我們的年齡愈大，就愈難建立新的友誼並檢討舊的關係，尤其到了三十歲以後，交朋友變得愈來愈困難。隨著年齡的增長，我們培養友誼和付出時間的能力與育兒、工作、戀愛和家庭關係相互競爭。

三十歲以後，對於友誼，人們常會經歷內心的變化。自我發現轉變成自我認識[15]，所以你會變得更加挑剔身邊的人。根據《友誼危機》（*The Friendship Crisis: Finding, Making, and Keeping Friends When You're Not a Kid Anymore*，暫譯）作者瑪拉・保羅（Marla Paul）的說法：「交友門檻比年輕的時候高了，那時候我們願意和任何人碰面喝一杯瑪格麗特。」

我們會更考慮到互動的問題，像是：「他們會喜歡我嗎？」或「我說的話對嗎？」

當我們把一段友誼維持了十年或更久，我們就會習慣於在關係中的特定角色，因此，改變我們的界限似乎是對關係的背叛。但人時時刻刻都在改變。當我們在友誼中成長時，生活的其他領域可能也會隨之成長。

我和我高中時期的朋友在上大學時，必須學會調整，像是我們第一份「真正」的工作、認真的感情交往，也許還有婚姻和小孩，所有生活上的變化都需要改變界限，而有些關係並不能挨過這些變化。敷衍或許是一個跡象，表示關係的基礎有裂縫，而不是新的要求造成的結果。由於我們會改變，有些友誼消失是很自然的。

友誼中常見的界限問題

作為感情顧問

我曾經有一個朋友，她堅持要告訴我她的感情問題。我好意叫她不要和我分享整個來龍去脈，因為這會讓我對她的男朋友產生反感。一開始，她並不理解，但在我持續引導話題之後，她才明白過來。

設定這個界限並沒有破壞我們的友誼。如果我繼續傾聽並坦誠分享我的見解，我們的關係將會遇到問題。這對我們來說都不健康。

沒有人要求你成為你朋友的感情顧問。你可以傾聽，分享故事，並幫助他們解決問題。但是，如果這些事情有任何一件讓你覺得不舒服，你可以轉換。

財務借貸

「我的朋友總想借錢。我應該如何處理？」

可設定的界限

1. 先設定你的期望值。「我會借給你＿＿＿，期望你能在＿＿＿前還清。如果因為任何原因，你無法按期限歸還，至少在前一天通知我。」
2. 「我不能借錢給你。」
3. 「我不能給你＿＿＿，但我可以提供＿＿＿。」

請記住，當你借出金錢和物品時，你是在讓自己成為他人的借貸來源。如果你不想成為借貸來源，就不要再提供你的資源了。

提供未經請求的建議和回饋

「我不喜歡我朋友的妻子。我應該怎麼辦？」

可設定的界限

學會和平共處。你的朋友不會因為你不喜歡他的伴侶就離開她。告訴他這點很可能導致不必要的裂痕，因為這是一個不能解決的問題。

✚ 厭倦了提供建議

「我的朋友總是和同一種人交往。我已經一再告訴過她，她需要和不同類型的人交往。」

可設定的界限

1. 你已經告訴她你的想法，她卻不聽，就別繼續反覆告訴她。
2. 當你的意見不被重視時，要緊閉嘴巴。
3. 允許別人去犯錯，品嘗自己造成的苦果。

✚ 接受未經請求的建議和回饋

「我的朋友總是告訴我該怎麼過生活。我如何讓他們停止？」

可以設定的界限

1. 不要再邀請他們來了。少分享你的事，你的朋友會針對你告訴他們的事情做出回應。
2. 向朋友說：「我需要你聽我說，但我不想要任何建議或回饋。」告訴他們，你只想找人說說話但不需要任何建議或意見。

處理一個很依賴你的朋友

「我朋友總是要我和他們一起去做事情，讓我很痛苦。」

可以設定的界限

1. 不要再同意用你無法長期持續的方式支援他們。
2. 無論是待在一起還是分開，讓你們的友誼有健康的距離。
3. 決定你喜歡和這個朋友做哪些事情，只做你喜歡和他們一起做的事情。

你不是治療師——你是朋友

不幸的是，在朋友關係中，我們往往有一個期望，就是可以無話不談。這種期望讓很多人陷入了失望，因為沒有人對每個話題都瞭若指掌。相反地，朋友們會根據他們自身的經驗，提供百分之百有偏見的建議。

在某些情況下，告訴別人如果你在他們的處境會怎麼做，是可以的。但是，當一個朋友陷入反芻或困於某個特定的問題，你能做的最好的事，就是向你的朋友介紹一個專家。

你會想建議某人進行心理治療的情況

- 你的朋友似乎被某個特定的問題困住了，一再反覆提起。
- 你的朋友談到未解決的創傷。
- 你的朋友正在經歷過久的悲傷。
- 你的朋友對自己或他人構成危險。
- 你注意到憂鬱症、焦慮症或其他精神疾病的症狀。
- 你的朋友在談他們的關係問題，而你卻覺得自己無能為力。

當人們需要心理治療卻來找你時，請這樣做

- 記住，在關係中你是一個朋友，而不是治療師。
- 為他們提供資源，如書籍、治療師或支援團體的聯絡方式。
- 一旦你提供了資源，就為他們對你發洩的程度和頻率設定界限。
- 讓他們知道，你已經用你認為最有效的方法幫助他們了。
- 鼓勵他們尋求幫助，強調你沒有足夠的能力可以適當地幫助他們。
- 詢問他們是否聽從了你建議的資源。

無論你的朋友是否需要心理治療、醫師、護理師等，把專業部分留給專家。

糾結不代表你是一個好朋友

高中的時候，我拿到《低谷中的價值》（*The Value in the Valley*，暫譯）這本書，作者伊雅娜・范贊特（Iyanla Vanzant）在標題為「其他人的問題之谷」這一章提到：

> 我們今生不欠任何人的情。我們對一些人交代，對另一些人負責。然而，我們從來沒有義務把別人的人生重擔扛在肩上。[16]

高中的時候讀到這些話很有啟發，但是到了大學，當我開始把自己和別人的問題分開的時候，感覺就像一個巨大的重擔從我胸口卸下。

多年來，我也認為，一個「好朋友」，就意味著要把朋友的問題當成自己的問題。然而，事實是，你朋友的問題並不是你的問題。過分讓自己糾結在別人的問題上，並不代表你有多愛他們，相反地，這表明你缺乏健康的界限。

你可以支持對方，但不糾結在他們的感受、解決方案或結果。你能做的最有愛心的事就是傾聽；你能做的最有力量的事，就是讓人們解決自己的問題。當你發現自己對別人的問題念念不忘時，請停下來，提醒自己，這個問題不是你的。釐清你的感受，以及為什麼你會被別人的問題困住。糾結使我們分心，無法用真正的方法去幫助別人和支持他們。憂心忡忡、不停想著別人的問題，是絕對沒有辦法幫助任何人的。

處理長期違界者

我說過，你允許人們做的事，人們就會去做，而且會一遍又一遍地做，直到你阻止他們為止。你確實無法控制人們對你做了什麼，但你可以控制你的反應和你對事情的容忍度。

要想保持健康，你必須

- 將有毒的人從你的生活圈排除。
- 盡量減少與不健康的人互動的頻率。
- 自己做事，不要和不健康的人一起。
- 對於如何運用時間做出選擇。
- 嘗試不同的方法，因為同樣的方法只會產生同樣的結果。
- 在新的友誼開始時設定明確的期望。
- 與健康的人建立新關係。

• 重述你的界限一次以上（或當人們不想／無法尊重你的界限時，放棄他們）。

有時，我們不得不結束不健康的關係，因為對方拒絕接受我們的界限。離開一段關係從來就不容易，即使關係是不健康的，或不再適合我們的現狀。人們經常會因為過度關注於將友誼恢復到過去的樣子，而留在關係中，但如果我們已經改變了，那麼這段關係可能也不再適合我們。

很難決定結束一段關係的最佳時機，而事實是，沒有「最佳」的時間。當然，也有不當的時機，比如在發生重大人生事件之後，但完美的時機可能永遠不會來。

在離開一段不健康的關係之前，可能會發生這些事情

• 你可能必須放棄想解決但無法解決的事情。
• 你可能必須厭倦再和你的朋友談起同樣的問題。
• 你可能必須厭倦再支持自己不認同的價值觀。
• 你可能必須說出你想要什麼，你看到它實現，然後發現這種變化是短暫的。
• 你可能必須想辦法在沒有這個人的情況下生活。
• 你可能必須明白這段關係的壞處大於好處。
• 你可能必須對自己誠實，承認這段關係已經影響到你的幸福。

友誼結束的方式有以下幾種

1. 人間蒸發，就是從這段關係中消失而不解釋，不接電話，對所有聯繫的企圖置之不理。有些人覺得這種被動式溝通最舒服——如果對方也能允許他們悄悄離開，而不需要衝突的話。
2. 還沒從巨大爭執中恢復關係，基於生活需求勉強維持友誼。基本上，關係已經結束了，但偶爾還有一些互動。
3. 讓事情悄悄地淡化。很多人會偏好這種方式，因為沒有什麼好說，也沒有什麼要做。這是一個友善的協議，讓時間和空間從關係中抽離。
4. 進行一次談話發洩挫折感，並口頭表達自己的想法，公開表明你們的友誼已經結束。

你了解你的朋友。在友誼結束時，你知道哪些朋友可以面對這些對話，哪些人不能。選擇對你和對方最好的方法。

練習

拿出你的日記本或一張紙，完成以下的練習：

- 描述你對健康友誼的想法。
- 確定你與誰有健康的友誼。
- 列出你不健康的朋友關係，以及是什麼因素使其不健康。
- 決定需要說什麼或做什麼來改善友誼。

13 職場篇

人們會依據你的界限對待你。

珍妮喜歡她的工作，但是討厭她的工作環境。同事桑米每天都會來她的隔間裡說辦公室裡每個人的八卦。雖然她不喜歡這樣，但因為不想顯得無禮，所以有時候也會參與談話。

桑米開始約珍妮下班後出去喝酒，但她不想去。每次桑米來約她的時候，她都會說：「今晚我不行，我下班後已經有計畫了。」

由於珍妮沒有明確拒絕，桑米就一直邀約。也因為珍妮似乎參與了辦公室裡的八卦，桑米就繼續說閒話。

珍妮害怕見到桑米，但她覺得這樣跟她說又太壞了。桑米讓她在辦公室裡不能專心，甚至導致她不得不把工作帶回家。除了她與桑米的問題之外，珍妮經常協助同事完成任務，並接收老闆額外指派的項目。她認為她的工作環境是有毒的，除了工作量大，她對辦公室八卦也感到厭煩。

那份工作做了十二年以後，珍妮認為她唯一的解決辦法是：開始尋找新的工作。

但是，在你離開一份工作或一段關係之前，一定要先考慮這些問題：

「我有沒有試過設定任何界限？」

「我在哪些方面造成了這種情況？」

「我可以做什麼讓這個情況更健康？」

在職場上，珍妮並未力守她的界限，而是認為到別的地方開始新生活，能減輕她的問題。事實上，她必定會把不健康的界限帶到任何一個工作場所。需要重新開始的是她自己。

設定職場界限

如同生活中的其他層面，在工作上，想等待情況自動改善來滿足你的需求，是不切實際的。從一個不健康的環境跳到另一個不健康的環境，也不會有幫助。你不可能逃避你無力設定的界限，所以，珍妮必須在工作的地方實施界限。我認為，只要她不設定界限，到其他公司還是會發生類似問題。

珍妮深深困在「被人喜歡」的需求中——不僅是被某些人喜歡，而是所有人。她會為了適應環境而委曲求全，做任何讓她持續獲得他人好感的事。作為一個討人喜歡的人，她害怕對人設限。

她擔心，如果她對同事說「請離開我的辦公桌」或「我不會幫你做任何事情」，聽起來很咄咄逼人。沒錯，這些設定界限的方式都具侵略性而且苛刻。相反地，她可以態度肯定而不必咄咄逼人，例如這樣說：

「吃飯的時候再聊吧，我還有幾個專案要進行。」

「我現在有很多事情要做，所以不能幫你。」

與珍妮協談時，我們回顧了工作上所有引起她沮喪和不滿的事情，並列出清單。

珍妮可以設立的界限

1. 對同事的請求說不。
2. 停止參與辦公室的八卦。
3. 當有人提起辦公室的閒話時，要明確表態自己不感興趣。
4. 對下班後的聚會邀約說不（若真的不想參加）。
5. 同意上司分派的新任務之前，可能的話，要讓其他人參與工作，並／或將任務委派給其他人。

珍妮慢慢意識到，她的工作環境沒什麼問題，只是她沒有設定適當的界限罷了。

職場的日常界限問題

《我們的辦公室》（*The Office*）美國版是我最喜歡的喜劇影集之一。我開始看這部影集時還在讀研究所，也剛開始了解界限的概念。

在劇中，邁可．史考特（Michael Scott）是一家小型紙業公司的老闆，他不但自私自利，職場界限也很不健康。事實上，他的員工總是試著要他冷靜下來，提醒他什麼是適當的職場行為。他完全不了解旁人的需求，也不知道他的行為對別人造成什麼影響。

我最喜歡的一集是「多元化日」——人力資源部門舉辦了一次培訓，教導邁可工作場所的正確禮儀。邁可發揮他的本色，演了一齣很不恰當的、有關種族歧視的短劇，還用種族術語、黑人歷史人物和宗教設計了一個詞語聯想遊戲，把培訓整個搞砸。這部影集的有趣之處在於，邁可對自己的荒唐行為視而不見，他根本沒有意識到自己冒犯了別人。這不就是典型的情況嗎？違反界限的人根本不知道自己已經越線了。

✚職場的界限問題像是

- 幫其他人做事。
- 被問及私人問題。
- 承擔超過你能力範圍的工作。
- 不懂得授權他人。
- 調情。
- 無薪工作。
- 不能放假。
- 對自己無法負責的任務說「好」。
- 進行有壓力的互動。
- 下班時間工作。
- 做一個人以上的工作。
- 需要休假時不能休。

當然，有些人可能會在違反別人的界限時有所察覺，但大部分的人並不知道。界限不是常識，而是教出來的。在職場上，界限是由人力資源部門、工作文化和老闆們傳遞下來的。然而，當人們有失去工作的恐懼時，就很難實施界限。

> 界限不是常識，而是教出來的。

二〇一七年，媒體巨頭哈維．溫斯坦（Harvey Weinstein）的性醜聞爆發[17]，據稱他至少侵犯了八十名女性。多年來，受害者隱忍而沒有出面指控，是因為害怕在好萊塢被排斥。以哈維的能力和影響力，他得以繼續用不恰當的界限在工作場所為所欲為。（他已否認所有指控。）

根據《紐約時報》（*The New York Times*）的文章〈哈維．威斯坦收買性騷擾指控者數十年〉（*Harvey Weinstein Paid Off Sexual Harassment Accusers for Decades*），他創造了一個有毒的工作環境，在職場上進行性騷擾，侵犯、霸凌女性達三十年。哈維糟糕的行為被允許發生，只因為這是「職場文化」。

即使你的界限因為「文化」而被否定，並不代表你的界限不相關或不重要，反而顯示你可能需要告訴公司裡的其他人，尋求組織外的支援，或是法律諮詢。如果你擔心自己若不配合有毒的職場行為，工作會受到危害，那就是不對的。

處理有毒的工作環境

在有毒的工作環境中，你的情緒和心理健康狀況都會受到威脅。當你的工作環境確實是有毒的，你在家庭或個人關係中的功能都將受到影響。

有毒環境可能包括

- 長時間工作。
- 被別人說閒話。
- 加班沒有加班費。
- 同事之間搞小團體。
- 被要求在有限時間內完成更多的工作。
- 同事或上級的負面溝通。
- 很自戀的老闆。
- 被霸凌。
- 受到性騷擾。
- 由於種族、體能或性取向而受到不當待遇。

有毒的工作環境是沒有健康界限的，但在你確認情況無法改善之前，嘗試設定一些界限有其意義。然後，要繼續貫徹，看看這些變化是否長期有效。

✚若你身處有毒的工作環境，不妨試試這麼做

1. 考慮設定哪些界限可能是最有幫助的。
2. 識別有毒環境中的健康對象。
3. 記錄、記錄、記錄你的問題，以日期和次數為單位。
4. 如果你的老闆不是問題的一部分，就和你的老闆談談。
5. 在會議中、對上級和同事說出你的需求。
6. 與人力資源部門談辦公室文化。
7. 在辦公室外尋找支持，以管理與工作相關的壓力，例如找心理治療師協談。

職業倦怠及其對工作與生活平衡的影響

職業倦怠是對不健康界限的反應。在我執業的過程中，許多個案提到工作與生活平衡的問題。十三年來，我看過有人做兩人份的工作，無法準時下班，時常加班（晚上和週末），不能在已分配的時間休假，還在沒有時間的情況下義務參加專案。他們

這樣做都是為了當個「好員工」。

我曾勸告他們：「愈是表現出能處理工作，你就愈被期待接下工作。」

我聽最多的一句話是：「我知道你很倦怠，因為你整天聽別人談論他們的問題。」當我告訴人們，特別是其他的治療師：「我沒有被治療師的工作累垮。」他們很驚訝。一個整天談論界限的人，確實有一些相當適宜的界限，這有很奇怪嗎？

我為防止職業倦怠所採取的行動清單

- 我每週最多看十五到二十個個案。
- 我有三天時間專門進行諮商，另外兩天則用來寫作或從事其他的計畫。
- 我只接我專長範圍內的個案（關係問題）。
- 在接受新的個案之前，我會與他們交談，看看雙方是否有相應的能量。
- 我會對個案說明我的界限，關於如何在下班後聯繫我。
- 在我與個案見面的日子裡，我會刻意管理我的體力、精神，例如避免在工作之外進行耗費精神的談話。
- 在第一節協談之前，我會花幾分鐘時間安靜下來，思考當天的工作和定調。
- 我意識到，在工作之外，我不一定要當治療師，所以我不會在下班後為人諮詢。

- 我自己也會去看治療師，處理我生活中發生的問題。
- 我每年都會去度幾次假。

避免職業倦怠的其他方法

- 不要浪費假期的任何一天。假期是一個充電和調整的機會，如果老闆願意讓你帶薪休假，請好好把握。若是沒有機會，可以先存一點錢（有辦法的話），再找時機幫自己充電。暫時遠離職場是一個有意義、有效恢復能量的方式。
- 工作之外，為自己保留時間。找一個與工作無關的嗜好，定期參與其中。
- 午休時要遠離辦公桌。如果你必須坐在辦公桌旁，不要在午餐時間工作。利用這段時間靜心、看一集你喜愛的影集、散步，或跟同事一起用餐，聊與工作無關的事情。
- 在上班前或下班後優先安排時間給自己。開始一天的工作之前，花幾分鐘做放鬆運動，例如靜心，閱讀或看一些激勵性的文章、書籍。在工作前、一天之中或下班後，撥出時間給自己，將幫助你集中思想、降低血壓，帶給你平衡。

✚ 如何在職場設定界限

1. 透過了解自己的感受，就能發現需要設定界限的領域。什麼原因讓你晚下班？工作的哪些部分讓你覺得不堪負荷或倦怠？我大學畢業後的第一份工作是擔任少年緩刑官／案件管理員。社工的倦怠率是出了名的高，在我的辦公室也不例外。案件量大，每天危機四伏，加上高要求，組織內勢必要設立界限。我知道這份工作的難以預測性，所以主動提前完成所有能做的事情，比如治療計畫和法庭報告，這幫助我在截止日那天省了很多壓力和挫折。我學會讓自己井然有序，因為我受夠了混亂的挫折感。做這份工作時，我還是全職研究生，晚上要去上課或實習，因此這麼做也對我有幫助。如果我想保住工作，就必須設定明確的界限，讓我可以準時離開。
2. 如果可能的話，只在上班時間工作。
3. 允許自己在工作中擁有界限。只因為你在職場，並不代表你不能設限。對自己的需求有所保留，會讓你對同事和雇主產生怨懟。
4. 不要讓問題變得嚴重時才決定設定界限。在可能出現問題時就要開始設限。
5. 教導他人如何尊重你的界限，貫徹對自己界限的尊重。如果你決定宣布你的期待，要明確而直接。

職場的界限可以這麼說

- 「我不能再接其他專案了。」
- 「我五點以後無法工作。」
- 「我在休假時不會查看公司郵件。」
- 「我的工作量太大，需要更多協助。」
- 「我不在工作中談論個人話題，這會讓我不舒服。」
- 「如果你想聊天的話，我們一起吃午飯吧，這樣我才可以專注於我們的談話。」
- 「謝謝你邀請我這週末和你一起出去，但是我無法赴約。」
- 「我不想在下班後去喝一杯，不如去上瑜伽課吧？」
- 「我下班後沒有空處理你的要求，我要把時間給我的家人。」
- 在工作上，可以說明為什麼說「不」的原因，比如：「我無法協助這個專案，因為我在幫忙＿＿＿的案子。」

辦公室的界限看起來像

- 盡量**不要**在辦公桌前吃午飯，如果你在辦公室吃午餐，就不要同時工作。
- 直接結束那些讓你工作分心的對話。
- 準時上下班。
- 工作日要盡可能減少分心的事，例如發訊息和打電話給家人、朋友，因為這些交流會耽誤你準時完成任務的時間。
- 午休時小睡一會兒；研究顯示，在午休時間小睡可以提高意志力和專注力[18]。
- 關上辦公室的門，將干擾減到最低。
- 如果可能的話，想辦法避免把工作帶回家。

如何在辦公室以外的地方設定界限

- 妥善運用你的休假額度。根據美國旅遊協會的資料，二〇一八年美國勞工未使用的帶薪休假為七．六八億天[19]——比二〇一七年增加了百分之九。
- 不要在週末查看工作郵件。
- 週末不要進辦公室趕進度。

- 度假時不要工作，除非是緊急情況。計劃好代理方案，在休假的時候，盡可能把事情委託給代理人。
- 尋找與工作無關的愛好和活動。
- 如果你的工作壓力很大，就限制你和別人談論它的方式，除非是你的治療師。一直想著你討厭的東西並不會改善你的感受。
- 不要把你的專業服務免費提供給朋友和家人。例如：如果你是會計師，幫你的朋友和家人介紹另一位會計師。
- 休假前，設定好電子郵件和語音信箱自動回覆。把電話轉給另一個人，減少你回到工作時需要解決的問題數量。
- 把他人能做的事務交辦出去。執行長絕對不應該自己接電話，醫生也不應該自己準備手術室。
- 按照緊急程度和截止日期的先後順序安排任務。不是每件事都同樣重要。
- 盡量減少分心的機會，例如與同事聊天——如果這會讓你偏離正事的話。
- 當你需要幫助的時候，請尋求幫助。
- 當你的工作量過重時，請告知你的主管。

創業者的界限

- 收取對方應付的全額費用。
- 如果你能提供優惠價格，請盡量少用。
- 不要一直工作，休息一下，暫停一下。同樣身為創業者，我知道你一直有工作要做，但你是老闆，可以自行決定你的限度。
- 避免使用關於不停工作的詞語，比如「更加忙碌」、「在磨練中」和「晚點再休息」。

如何與你的老闆溝通界限

人們把你的表現能力建基在他們認為符合你的角色上、在你公司的需求上，有時候在你老闆認為自己能力可及的範圍上。比如說，如果老闆在晚上和休假的時候工作，他們可能希望你也這樣做，你如果做不同的事情可能就不被看好。

在這種情況下，你有責任宣導合理的期待，而不是順從老闆沒有界限的要求。當然，你絕對不能說：「你很不講理，因為你有不健康的界限。」相反地，你可以說：「當我離開辦公室以後，充電對我來說很重要，這樣我才能在工作的時候全神貫注。我想要將我的工作，盡可能限制在以下的時間範圍內……」

在跟老闆溝通你的需求時，一定要用「我」開頭的句子，要說關於你的內容，而不是他們。

✚不要這樣說

「你都知道我手上的工作已經滿了，還給我事做。」

如果你這樣說，你的老闆可能會覺得受到冒犯，就不太可能考慮你的要求。

✚相反地，你可以這樣說

「我希望我的工作有個期限，當你給我一個任務時，我會優先考慮你的要求，但如果有緊急狀況，請讓我知道。」

如果你的老闆拒絕接受健康的界限，請把其他人帶進來。也就是說，如果你的問題無法跟老闆解決，請聯絡人力資源部（如果你的公司有的話）。

對社交活動和辦公室外的邀約說「不」

大多數人每週要花三十五到四十個小時的時間工作。在辦公室裡，你可能會建立一些健康的連結，最後成為友誼關係。但是，當你下班後不想和同事或老闆一起出去玩或吃午飯時，該怎麼辦？

設定界限的方法可能是

- 下班後不和特定的同事一起出去。
- 不主動幫老闆處理私事。
- 允許同事在社群媒體上關注你，但限制他們可以查看的內容。
- 隱藏你不喜歡的同事的內容。
- 不給同事你的社群媒體帳號。

對邀請說「不」可以這麼說

「謝謝你邀請我參加你的節日聚會，但我沒辦法去。」

「你找我去吃午飯，真是太好了，但是我想在午休時間獨處一會兒。」

「下班後，我喜歡回家休息。」

「我們交換電話號碼，不要交換社群媒體帳號如何？」

「我是個宅男，所以我沒有興趣。」

克服對完美的恐懼

沒有完美的員工。你可以擁有道德的界限，同時還是一名好員工、同事或企業主。在每個職場中，都至少有一個人的界限是大家都尊重的。這種情形下，你可以複製你所看到的榜樣。

對你的界限要非常清楚，如果受到挑戰，要立刻說明白。

的確，設定界限有時會讓別人不高興。想想看，職場是人們花費大部分時間的地方，時間非常寶貴。因此，在此處有個舒適的空間，對健康而言十分重要。

練習

拿出你的日記本或一張紙，完成以下的練習：

- 無論在何種工作環境中，你可以實施的一道界限是什麼？
- 你每日的工作排程為何？
- 什麼時候你會願意在每日排程表之外的時間工作？
- 基於你對老闆的了解，什麼是跟他們設定界限最好的方式？
- 你需要和你的同事設定任何界限嗎？
- 你認為在職場設立界限，會獲得什麼好處？

社群與科技篇

自律是為自己設立界限的行動。

蒂芬妮的朋友萊西，一刻都離不開她的手機。她去哪裡都帶著手機，甚至會帶進廁所，在裡頭待將近一個小時。

蒂芬妮認為萊西的手機使用習慣，是阻止彼此聯繫的因素。她們是全職學生，沒有住在一起，相處的時間很有限，可是萊西總是盯著那個小螢幕，以至於她們僅有的相處時間更少了。即使是和朋友出去玩，萊西也會不斷地查看手機。

在我和蒂芬妮的協談中，她把和萊西的關係描述為一個壓力來源。她愛她的朋友，但是她討厭萊西總是心不在焉，然而她們從來沒有直接談過關於手機的問題。蒂芬妮以為萊西應該知道才對，但正如我們所討論的，也許萊西並不「知道」。

看來最好的辦法，是蒂芬妮先提出要求，例如：「看電影的時候，我希望妳把手機放下。」蒂芬妮確實這麼嘗試了，沒想到萊西馬上配合，這讓蒂芬妮感到驚訝。

萊西可能不知道她使用手機的習慣，影響了她與朋友溝通的能力。她只是在她認為是休息時間時，讓自己分點心。

人們經常抱怨科技阻礙了他們的關係。在本章全篇，我將用「科技」一詞來描述花費在網路上，無論是社群媒體、看電視或打電玩的時間。

當然，科技絕非本質上不好，但有時人們會過度或以有害的方式使用，或把它當作一種逃避或轉移注意力的方式。當人們感覺不開心的時候，經常緊抓著科技產品來分散自己的注意力。

我個人也必須學習管理自己花在科技上的時間。二〇一九年六月，我在《紐約時報》上發表了一篇文章〈Instagram 治療師是新的 Instagram 詩人〉（*Instagram Therapists Are the New Instagram Poets.*）[20]。從那時起，我在 Instagram 上的人氣大幅上升。

從二〇一七年起，我開始刻意發表跟心理及情緒健康相關的內容，著重「精神和情感健康」，強調治療的重要性及如何解決關係的問題。從二〇一九年一月到二〇一九年七月，我的追蹤人數從兩千增加到十萬人。在這數字的成長中，最奇怪的事情是，無論是個人還是工作上，我在二〇一七年之前幾乎沒有使用過社群媒體。在二〇〇九年到二〇一〇年間，我有 Facebook，也有了個人的 Instagram 帳號，但我很少發文，而且只關注少量的帳號。在我開始我的商業 Instagram 帳戶 @nedratawwab 之前，我並沒有每天使用社群媒體的習慣。

多年來，我在社群媒體上感受到「錯過的快樂」（The Joy of Missing Out，簡稱JOMO）。脫離這個圈子有很多好處，其中一個是，我喜歡人們根據社群媒體告訴我他們對世界上發生的事情的解讀。而且，我沒有追蹤某些朋友、同事或家人卻不追蹤其他人的尷尬。甚至現在，我已經慣常參與社群媒體了，我會讓我使用社群媒體的習慣來適應我的需求。例如：如果我想要存錢，我就不會追蹤會刺激我消費的時尚意見領袖；如果我對素食餐感興趣，我就會關注其中一些帳號。

從很少使用社群媒體到成為影響者，是一段相當難忘的歷程。在很多方面我樂在其中，但也有一些時候，我要面對其缺點，比如管理我花費的時間，還得處理負面評論，以及管理社群的期望。

在社群媒體上發文時，我被提醒的事

- 外面總有一些人，他們的標準你是無法達到的。
- 當人們認為你不會回應的時候，他們就更加苛刻。
- 有些人喜歡爭論。

- 一旦你開始回應他們，你就同意參加一場爭論。
- 人們對你的評價是基於他們自己，而不是你。
- 你不可能取悅所有人，因為每個人的需求都是不同的。
- 一遍遍地解釋自己，並不代表人們最後會了解你。
- 有時候，你必須使用封鎖的力量。
- 保護你的精力是你的工作。
- 有些人覺得自己有權占用你的時間，但你的時間是歸你管理的。

因為我們生活在一個數位化的世界，科技占據我們生活很大一部分。即使周遭到處是科技，我們也可以規劃一種健康的數位體驗。

✚這些跡象顯示，你可能需要對你的數位習慣設立界限

- 在你應該專注於其他事情時，發現自己不斷查看手機。
- 你花在手機上的時間過多[21]。一般人生活中每天大約花三個小時看手機。
- 在社交情境中，你黏著手機而非參與社交。
- 你經常用手機作為逃避工作、育兒、完成任務，或與他人接觸的替代品。
- 人們抱怨你的數位科技使用習慣。

- 你在開車時使用手機。
- 你使用科技的方式影響了你在其他方面表現的能力，例如學業、工作或家庭。
- 你的科技使用習慣傷害了你的心理或情緒健康。

數位時代如何管理資訊超載？

作為一個治療師，我經常聽到人們談論社群媒體的缺點：感覺自己被冷落、與他人比較，以及偽裝的壓力。我很擔心自己會被影響，還害怕自己表現的方式讓別人覺得自卑或嫉妒。但我學到的是，你無法控制人們回應你分享內容的方式。

當然，作為一個治療師，我發文是有目的的，我也會想知道人們如何看待我的文章。然而，經常會有某個人，從某個地方，用某種方式來看待我的訊息，而這種方式並不是我預計的。我了解到，他們的解釋與我的文章沒有什麼關係，而是和他們自己生活中發生的事有關。

在很大程度上，我們能夠控制自己如何使用數位資訊。當我們不喜歡眼前看到的東西時，可以選擇繼續瀏覽、觀看，或者去看別的東西。當我們繼續關注一些困擾我們的內容時，就是同意被打擾。

管理電視和網路上充斥的壞消息

你就是你所關注的人、你所觀看的內容，以及你所瀏覽的網站。當世界上有大事發生時，你可以讓自己離開消耗你能量的來源。如果取得資訊必須以你的理智為代價，請暫時盡量減少你的數位使用時間。

✚負面訊息的界限管理

- 關閉手機上的新聞提醒。
- 刻意設定在一天中的特定時間觀看或收聽新聞。
- 取消關注那些不斷發表悲劇或影響你心情的話題的帳號。
- 當你不想聽到特定的新聞話題時，請態度溫和地告訴對方。
- 當世界上發生重大事件時，可以暫時遠離網路、電視和社群媒體。
- 使用你最喜愛的串流影音平台，開始看一齣新的電視劇。

最後，稍安勿躁，有時不在圈子裡也無妨，不需要知道每一個網路迷因（meme），也沒必要能夠講出事件的每一個細節。遠離可能會引發「錯失恐懼症」的因素。一旦你感覺好些，或者當新聞平息後，你就可以自由地重新加入數位世界。

關注朋友、家人和同事

在社群媒體上追蹤別人，已經成為一種保持聯繫很好的方式。如今，人們經常交換 Instagram 帳號而不是手機號碼。但是，一旦你開始關注一個人，該怎麼停止？你關注的人愈多，你就愈了解他們，以及他們想如何向別人展現自己。如果你喜歡他們表現的事物，與他們分享是很美好的。但是，當你發現你最喜歡的同事跟她男朋友的關係極為混亂，而這些全都顯示在她的貼文裡，你會很難不看到你不想看到的東西，也很難取消關注一個在現實生活中經常見面的人。

常見的抱怨

「我不想關注我的朋友，因為她假裝成另外一個人。」

「我妹妹發了太多她孩子的照片。」

「我很討厭我老闆的政治評論，但我又怕取消關注他。」

解決辦法

人們可以在網路上成為任何他們想要展現的自己。你不能控制這一點，但是你可以控制你是否繼續關注。如果取消關注某人讓你覺得不舒服，可以選擇取消他的貼文通知（噤聲功能），或者如果可以的話，隱藏他的動態。

與熟人互動的界限建議

- 建立一個私人的帳號，讓人們很難關注你。
- 可以追蹤，但如果你覺得取消好友或封鎖他人會讓你不舒服，就隱藏他們的貼文內容。
- 選擇交換電話號碼而不是社群媒體帳號。
- 關注那些內容讓你真正喜歡的人。

身為一個活躍的社群媒體用戶，我已經列出了一套特別的界限，是經常固定發表在Instagram頁面並保存在重要消息的公告。我並不是說每個人都要寫一套界限，不過，如果你是因專業目的使用一個社群媒體帳號，或者你是一個有影響力的人，或是你收到很多追蹤請求，你就可以考慮這麼做。公開討論你的界限，是為你的社群設定原則的方法。

我的 Instagram 界限

1. 我是一個有執照的心理治療師。我不會透過私訊提供治療。我不對「是否應該甩掉我的男朋友？」等人生決定提供個人意見，這些是你該做的決定，我不會確認或否認你的決定是對或錯。
2. 我無私地創造內容。我感謝你提出對特定類型文章的要求，不過，我是基於靈感、社群的需求，以及我的專業進行創作的。
3. 我收到很多幫助人們尋找心理治療師的請求。我不認識每個地方的治療師，請用 Google 搜尋你所在地區的心理治療師。
4. 你可以自由轉貼我的內容，應該列出內容來源的時候請務必將其列出。
5. 我尊重我自己（和社群中的其他人），因此會刪除某些評論，並且封鎖那些論斷性的、惡意或貶低他人的人。
6. 如果你是我的個案，你可以追蹤我。基於職業倫理，我不會與你互動（亦即關注或回覆個案的私訊）。
7. 如果你有問題想問我，請在每週一我的問答時間發問。
8. 請記住，我是人，不可能回覆每一則評論或簡訊，但我盡可能多看。

9. 如果你遇到心理健康的危機，請諮詢身心科或心理治療師。

即使有明確的界限，人們也會試圖測試它。我的工作就是堅持我的界限，遵行我列出的內容。

常見的科技界限問題

花太多時間看電視

現在，無論你走到哪裡，電視無所不在。你可以在平板電腦或手機上觀看你最喜歡的節目，也可以在家裡的電視機看。我個人喜好是在 iPad 上看，容易攜帶又方便。但是當你做事情分心，或者當看電視耽誤你參與生活中其他事務的能力時，看電視就成了一個問題。

例如：也許你會熬夜，日以繼夜地看電視，隔天就得面臨睡眠不足的後果。

花太多時間在社群媒體上

根據《華盛頓郵報》（*The Washington Post*）的一篇文章，有三十七・二五億人使用社群媒體[22]。這是世界人口的一半。一般成年人每天花費在社群媒體的時間約為一百四十二分鐘，青少年平均每天花在社群媒體上的時間約為九小時。你花了多少時間呢？我知道四個小時聽起來很多，但如果你想有多少人在等和朋友見面，或者排隊的時候被動地瀏覽社群網站，這些分鐘數就會累積出來。當然，只有在你應該做別的事情時使用社群媒體，這才會成為一個問題。

舉例而言，假設你必須在早上八點上班，你七點醒來，知道要花十五分鐘才能到公司，但你卻在床上躺了四十五分鐘瀏覽社群媒體。結果，你上班遲到了。這個時候，使用手機就影響了你準時上班的義務。

作為一名治療師，我知道，適當性取決於許多其他生活方面的因素。例如，如果你是一位家中有年幼孩子的父母，可能很難在帶孩子的同時，每天還能妥當地安排社群媒體的使用時間。然而，如果你是單身，沒有小孩，剛好遇上週末，也許在社群媒體上花五個小時並不會影響到你生活的其他方面。然而，我會懷疑你可以用你的時間做哪些事情、你從不斷上網中得到了什麼，以及你花費時間背後的意義為何。歸根究柢，我們使用社群媒體的目，與我們使用社群媒體的程度同樣重要。

尼爾・艾歐（Nir Eyal）的書《專注力協定：史丹佛教授教你消除逃避心理，自然而然變專注》（*Indistractable: How to Control Your Attention and Choose Your Life*）提供了一個觀點，即社群媒體和科技裝置不是問題所在[23]。相反地，人們才是問題所在，因為他們使用社群媒體和科技製造了問題。重要的是，了解你的使用習慣背後的原因。是故意的嗎？還是一種反射動作？有沒有問題呢？

✚可以考慮的界限

如果你非要先拿手機才能下床的話

睡覺時不要把手機放在床邊。

把手機放在離床遠一點的地方，你必須走過房間才拿得到。

睡覺時不要把手機放在房間裡。

與其先拿手機，不如想想你要在每天的第一個時刻裡做什麼，例如寫日記、和伴侶依偎在一起、做伸展運動，或是刷牙。找點別的事情做。

如果你經常查看手機

把你的手機放在伸手不可及的地方，把它放在另一個房間充電。練習每天關機幾小時。刻意地規劃瀏覽社群媒體的時間，以及禁止看社群媒體的時間。

如果你在社群媒體上花費過多時間

追蹤你的使用情況，如果你使用的是 iPhone，它可以允許你設置社群媒體時間限制，一旦你達到極限，你將會被登出所有的社群媒體應用程式，或收到是否要覆蓋限制的提示。在一些應用程式裡，你也可以設置警示，提醒你在社群媒體上花費的時間。藉由遵守你為自己設定的時間限制，來尊重你的界限。

如果你有低自尊、低自我價值、嫉妒或怨恨的傾向

在我的 Instagram 調查中，回應者中有百分之三十三的人表示當他們心情不好，或是對對方的內容不感興趣時，比較難取消追蹤。

要小心你關注的對象，和為什麼關注。即便你所有朋友都在追蹤一個知名的網紅，你也可以選擇不追蹤——如果你發現自己嫉妒對方的生活方式，而對自己的生活感到不滿。對那些讓你感到不舒服的人取消追蹤、封鎖和停止通知音效。你的反應可能確實是你需要正視的問題，但是要先調整自己，日後再去瀏覽那些帳號。

無法放下科技設備的成年人

我的一位朋友告訴我，她的小兒子問她：「妳愛妳的手機比我多嗎？」她很受傷，但他也很受傷。手機就像一部我們拿在手中的筆記型電腦，可以看影片、聽播客節目、購物、社交等。但代價是什麼？

你是否在你的孩子告訴你他在學校發生的事情時，在手機上購買日用品？你是否

在與現實生活中的朋友一起吃飯時，用手機和線上朋友聊天？你需要規範。

關於界限的問題

1. 哪些情況下不適合使用手機？
2. 如何練習真實地與他人相處？
3. 不要總是透過手機與他人聯繫，是否可行？

孩子與科技設備

孩子們早晚都會接觸到科技設備，大人有責任設立能夠以及應該如何使用這些設備的界限。

可以設定的界限

- 晚餐時間不准使用手機。
- 在做作業時不准使用手機，除非是用於功課上。
- 晚上和週末特定時間後不准使用科技設備。
- 安排使用科技設備的時間之後，加入運動休息時間。

- 使用家長控制的應用程式。
- 監控社群媒體的使用。
- 不要在孩子的房間放電視。
- 為孩子示範正確使用科技設備的榜樣。
- 和孩子一起觀看，並和他們討論你們所觀看的內容。
- 與他們討論正確使用設備與不正確使用的問題。

錯失恐懼症（FOMO）

FOMO是真實的。人們太在乎跟上潮流，所以花無窮無盡的時間企圖保持與最「潮」人群的相關性和連結。這需要花費金錢、時間和精力才能永遠保持在圈內。不幸的是，隨著社群媒體的發展，人們不斷被其他看起來很開心的成功人士的照片、聲音和影片轟炸，很少有人想到這些意見領袖可能需要花多少時間來發布完美的照片。

擁有三百多萬粉絲的 Instagram 影響力人物拉拉・米蘭（Lala Milan）說，她花了六小時錄製和編輯一段六十秒的影片。企業甚至開始創建社群媒體照片體驗，以吸引那些渴望完美拍照機會的人。

社群媒體給人們的關注度，在它被發明之前是無法想像的。當你看到朋友、前任或同事去做有趣的事，你卻沒跟上腳步，這種被冷落、孤立的感覺，讓人們質疑自己，或自己在他人生命中的重要性。如果你正和FOMO作戰，想一下你追蹤的是誰？如果是你不認識的人，想想看，關注他們對你的心理健康產生的影響。如果是你認識的人，不要讓你的自我控制了你，讓他們知道你希望參與他們下一次的冒險行動，邀請他們和你一起做一些事情，但也要意識到，他們單獨的社交生活並不反映他們和你的關係。

不恰當的網路互動導致的不忠行為

世界上一半的人口都有一個社群媒體帳號，包括你的暗戀對象、前男友和尚未發現的新對象。如果你是單身，就享受吧。如果你在戀愛中，請建立一些關於使用科技的限制。若情侶之間還沒有溝通界限，那麼沒有言明的界限，總有一天會被違反。

夫妻／伴侶的社群媒體界限問題

- 在你們的關係中，追蹤前男友或與你曾有性關係的人，是可以的嗎？
- 你應該如何處理似乎對你感興趣的人的私訊？

- 你們是否應該在社群媒體上互加好友／關注對方？
- 你對於發布彼此的照片有什麼期待嗎？
- 可以在網路或社群媒體上談論你們之間的問題嗎？
- 你對在有性暗示的照片上按讚的想法是什麼？
- 是否有你希望伴侶不要追蹤的個人帳號？

討論你的界限，可以防止會威脅到你們關係的常見問題。

將數位超載降到最低的策略

✚ 清理社群媒體

有兩種方法可以進行數位清理。

方案一

限制自己完全不使用社群媒體，將自己的社群媒體關閉或刪除一段時間。許多人發現從手機中刪除社群媒體程式很有幫助。

方案二

減少你的參與度。

限制你在社群媒體上關注的帳號數量。例如，你可以設定一個目標，把你關注的人數減半。

使用計時器，堅持在你設定的時限內使用。

只在指定時間使用社群媒體。

移除手機中的應用程式，只在電腦上使用社群媒體。

科技是生活的一部分，我們對科技的依賴將持續增長，但是你必須負責如何使用它。科技並不是問題，社群媒體也不是，人類的參與和使用才是問題所在。當你找到對你有益處的方法時，你就征服了它。負責任地使用社群媒體與科技設備，意味著你需要對你的使用方式實施界限。

補充提示：

- 不要把多個充電器放在不同的地方，以限制你的使用。

- 將你的手機關機，利用充電的時間來讓自己休息。
- 使用手機的螢幕時間功能來監控你的使用情況。
- 刪除非必要的應用程式。任何在上個月沒有使用的應用程式都是不必要的。
- 關閉提醒。提醒通知會觸發你拿出手機。
- 建立手機使用規則。從大處著手，每週減少使用，直到你對你花在手機上的時間感到安心為止。
- 刪除那些不是真正朋友的人。
- 取消追蹤那些讓你覺得自己很糟的人。

練習

拿出你的日記本或一張紙，完成以下的練習：

- 你使用科技產品的時數有多少？
- 你想花幾個小時使用科技產品？
- 你希望限制使用哪些社群媒體和遊戲功能？
- 當你發現自己無意識地使用科技產品時，你的感覺如何？
- 你想要養成什麼健康的習慣來取代使用科技產品？

15 設立界限，然後呢？

你的健康取決於你的界限。

我第一次接受心理治療，是在讀研究所時。和大多數人一樣，我是帶著感情、焦慮、以及工作與生活的平衡等問題去的，那時我不知道該如何稱呼這些我與他人關係中的問題。我所知道的是，人們總是企圖讓我感覺不好，讓我因為我設的界限而感到內疚，例如「我不能再借錢給你了」、「你借用我的車以後，請去加油」，或者「我不能幫你帶小孩，因為我要上課」。我經常感到沮喪和不滿，因為我對身邊的人一直有求必應，但在我需要時卻從未有人為我挺身而出。

經過幾次諮商之後，我的治療師溫柔地建議我去買一本安・凱瑟琳（Anne Katherine）的《為自己劃一道界限》（*Boundaries: Where You End and I Begin*）。在治療師和這本書的幫助下，我開始對於說「不」和要求我需要的東西，感覺更自在。

根據我要求的對象不同，我有時還是會覺得提出請求很奇怪，但我還是會去做，因為當我在關係中有健康的界限，感覺真的好很多。我寧願處理短期的不適，也不想要長期的怨恨和挫折。

在健康的關係中，說出你的界限是可以的，也是理性而安全的。而且，這是雙向的，你可以擁有界限，對方也可以有界限。例如，你的老闆可能有一條界限是，你必須提前五分鐘來參加會議，而你可能有一條週末不工作的界限。尊重他人的限制，是一種讓人也尊重你的界限的最佳方式。

當有人對你實施一個新的界限時，比如「我希望我們吃晚飯的時候，你可以把手機收起來」，最好的回應方式是肯定和支持這項請求。在口頭上，你的回應可以是「我明白，我會把手機收起來」，然後確實把手機收好。

看完這本書，你就會知道，每當有人設立界限，是為了幫助他們在關係中感到安全、快樂、有保障，這些限制並不是針對個人的。在唐．米蓋爾．魯伊茲（Don Miguel Ruiz）所著《打破人生幻鏡的四個約定》（*The Four Agreements: A Practical Guide to Personal Freedom*）中的第二項（也是我個人最喜歡的）協議，是「不要認為每件事都是針對你」[24]。所以，無論發生什麼事，別往心裡去。別人所做的一切，都不是因為你，是因為他們自己。所有人都活在自己的夢和自己的思想裡，即使是看似個人性的話語，例如直接的侮辱，其實也與你毫無關聯。

我不斷地為我的個案諮詢，幫助他們釐清事件和他人的互動並非針對他們本身。當我們將事情個人化時，就等於否定其他人的故事和歷史。個人化就是假設一切都和「我」有關。

舉個例子，我喜歡人們進我家時把鞋子脫掉。我認為我們鞋子上沾的東西不應該帶到室內，而且這讓我不必再拖地。在我實施這個規定的初期，有幾個人質疑我的做法：「我為什麼要脫鞋？」但我的規定並不是針對他們設的，也當然不是對他們選鞋品味的評論。

你的界限和要求你尊重他們界限的人也是如此。在不質疑別人的情況下，你可以同意這個要求，也可以承受不接受此要求的後果。但是要記住，你不能決定你的後果。如果你的界限直接與對方衝突，就必須評估哪個界限是健康的，並且對這段關係最有幫助。記住，僵硬的界限是不健康的。

界限的設立分為兩部分：第一，口頭傳達給他人；第二，採取行動，無論是落實違反界限的後果，或者遠離不會或不尊重你界限的人。

在你做了所有你能做的事之後，最後的界限可能是，結束一段不健康的關係。這是一個很不幸，但有時難以避免的情況。當你選擇結束一段關係，因為它已經無法繼續，記住你已經努力過了。在你努力修復關係的過程中，你已經提出了可能有效的解決方案。當然，如果情況發生變化，你或許也能與對方重修舊好。

以下是重修關係時需要考慮的幾個祕訣：

- 你希望會有什麼不同？
- 情況／人是否真的發生了變化？
- 有什麼證據證明這個人／情境已經不同了？
- 你是否與對方很匹配，或者你只是執著於這段關係的成功？
- 如果沒有任何改變，你是否願意重複經歷過去的一切？

希望改善關係卻不實際地加以評估，會讓你掉回類似過去或比以前更糟的情況。一開始，設定界限可能會讓你不舒服，你可能感到滿腹愧疚，也可能質疑你是否做對了，但無論如何都要設定界限。挺過不適感，即使在你感到害怕的時候也要這麼做。你在挑戰自己，讓自己更健康，擁有更健康的關係。

矛盾是這個過程的一部分，在嘗試新事物時感到不安，這很自然。那麼，一旦你開始設定界限，就要堅持下去，因為徹底執行是過程中最關鍵的部分。

請記住：沒有什麼界限設定是不會產生內疚感的。如果你想將內疚感降到最低（而不是消除），請改變你思考這個過程的方式。不要再把界限看成是苛刻或錯的事；

開始相信它是健康關係、照顧自我和實踐健康無可商量的一部分。

健康的界限是你確保自己在人際關係和人生中活得快樂，也活得好的方法。要想讓界限一直執行下去，就要在口頭上和行動上將其表明。記住，當有人不同意或不理解你的界限時，他們可能會回擊、質疑、測試你的界限，忽略或不理你。無論如何，都不要停止設定界限。堅持下去，要意識到你的界限不是要讓人喜歡的，而是要讓你在你們的關係中保持健康，它是你為自己和他人設定基本規則的一種方式，在生活的各個領域都很有用，包括使用科技裝置、工作、你與自己的關係，以及你與他人的關係。所以，有界限並自信地溝通界限是可以的。只有當有了界限，你才能與他人和平共存。

在沒有界限的情況、關係中生活，是無法感到快樂的。以下是設立界限的好處：

- 有界限的人睡得更好。
- 有界限的人經歷的倦怠較少。
- 有界限的人通常擁有更長久、更健康的人際關係。
- 有界限的人壓力較小。
- 有界限的人感到更喜樂。

• 有界限的人可以從設置界限的短期和長期價值獲益。

非常感謝你願意勇敢改變。我保證，走向更健康界限的旅程，值得你忍受設限的不適感。

設定你的界限，明白你正在改善你的生活，而不是傷害他人。

常見問題

Q／媽媽與我的關係不好，可以設定什麼界限呢？

當你意識到一段關係是不健康的，但你還沒準備好離開這段關係，就可以對你選擇如何與對方來往保持自我界限。

設立界限的建議

- 考慮減少和你媽媽說話。不要每天，試著一週幾次或一週一次。
- 限制談話的長度。一個簡單的方法，可能是製造不得不停止的理由，比如在去開會的路上和你媽媽說話，當你抵達目的地時，必須結束通話。
- 當你準備好並願意交談的時候再回應，而不是每次你媽媽打電話或發訊息來的時候都要回答。

Q/是否有必要向朋友或家人解釋為什麼你在製造距離，或你想切斷與他們的聯繫？

你最了解你身邊的人。有些人在你解釋的時候會聽，有些人會抗拒或是為自己辯解。在決定談論問題之前，要留心你所面對的人的類型。如果情勢可能變得不穩定，面對面交談可能對你不太有利。也許透過簡訊分享你的要求是最好的。可能的話，試著慢慢與他們保持距離，因為這往往是離開一段關係最誠懇的方式。

Q/如何應對總是抱怨工作的朋友？

你可以設定一些界限，例如你和朋友聊同一個話題的頻率。很有可能你在無意中讓對方以為你願意聽他抱怨。請思考以下幾點：

1. 你看起來對這個話題感興趣嗎？例如，提起工作的話題，可能會給人一種你想聽這些事的印象。
2. 你會給你的朋友建議嗎？
3. 你是否試過將你的朋友重新引導到不同的主題？
4. 你是否曾建議你的朋友向專業人員諮詢，或與職場上更高階層主管討論問題？

5. 你的朋友是否知道，你覺得這些談話讓你情緒枯竭？如果對方不知道，就換個輕鬆的話題。

Q/我要如何支持一個不願接受心理治療的朋友？

你可以決定你要聆聽多少朋友的抱怨或問題，以及你要怎麼幫助朋友。選擇留在你的朋友角色，而不是當一個治療師。讓你的朋友知道，有些特定話題會令你感覺不舒服。持續建議你的朋友去接受治療，並讓他們知道為什麼你認為他們會受益。有些人帶著很深的傷痛，朋友沒辦法幫他們解決。

Q/如何說明我不能再借錢給家人？

當你解釋你的界限時，別人可以反駁你。這時候，你只要說：

「不行。」

「我沒辦法幫你。」

「也許，我可以提供你一些資源。」

「我不能幫你，你有沒有想過其他的選擇？」

Q/如何在不傷害兒子感情的前提下，和他設定界限？

堅持設定你的界限，讓他知道你是帶著愛這麼做的。界限為你的孩子提供了規範。

Q/我如何才能不再感到內疚？

把「一切都是我的錯」的說法改成「我不必為發生的每一件事負責」。擺脫罪惡感，意思是說去除情緒。你必須面對所有的情緒，包括嫉妒、快樂和內疚。你愈把注意力集中在罪惡感，並試圖停止這種感覺，它就會停留得愈久。只要感受就好，不要批判你的感覺。

謝辭

在我還不知道什麼是界限的時候，我就對於我認為不合適或感覺不合適的事情，產生了心理上的限制。最後，我知道這些限制的詞叫做：「界限」。透過一系列小而勇敢的行動，我開始設定和保持界限的工作。我深深感謝這個過程，以及逐漸展開的健康界限的力量。

感謝造物主向我揭示為什麼一切以這樣的方式展開，給予我生命的體驗，使我能活出最好的自我，並幫助我將我的生活付諸文字，供別人領受。感謝我的丈夫傾聽我對寫這本書的願景，和我一起做夢，鼓勵我花時間專注於寫作。感謝我的兩個女兒，讓我知道做父母需要的界限。感謝我的好姊妹艾麗卡，和我們關於界限的深入對話，感謝她督促我多做自己。感謝我的晨曦智囊團隊——瑞秋、瑞貝卡和莫妮卡，時常為我加油。我有這麼多的好朋友——塔拉亞、德勒莎和其他人，在整個過程中，他們寫卡片給我、送我禮物、讓我開懷大笑。謝謝你們。

感謝我所有的個案，他們使我展露了幫助人們創造界限的熱情。感謝我在 Instagram 上的關注者鼓勵我創作，總是支持我的內容，幫助我將我的工作推向新的高度。每一天，我為我做喜歡的事情並能幫助他人感到榮幸。謝謝我的經紀人，蘿拉・李・馬丁利（Laura Lee Mattingly），感謝妳幫助我在出版界遊刃有餘，並促使我（迅速）完成了撰寫提案的任務。這個項目很簡單，因為我的編輯瑪麗安・里茲（Marian Lizzi）從一開始就相信這部作品，幫助我塑造了這本書。感謝編輯團隊、藝術總監傑西・莫非（Jess Morphew）和編輯助理芮秋・艾歐特（Rachel Ayotte）在過程中對我的指導。我的律師派翠絲・柏金斯（Patrice Perkins），幫我考慮到我的品牌的很多方面。而我的助手秀恩斯・李德（Shaunsie Reed）則為我加油打氣，並審閱初稿。這本書之所以能完成，是由於這些人的極大幫助。

我的妹妹，奎安娜，謝謝妳在妳的工作中向我展示，作為一個美甲師如何在不道歉的情況下堅持自己的價格。謝謝你們，爸爸媽媽，讓我來到這個世界上。而最大的感謝，是給每一個這本書的讀者。你們是勇敢的，而且是有界限的。

資料來源

1. A. Powell, “Study: Doctor Burnout Costs Health Care System $4.6 Billion a Year,” Gazette, July 19, 2019, https://news.harvard.edu/gazette/story/2019/07/doctor-burnout-ocsts-health-acre-ysstem-4-6-billion-a-year-harvard-tsudy-asys/.
2. Emily Nagoski and Amelia Nagoski, Burnout: The Secret to Unlocking the Stress Cycle (New York: Ballantine Books, 2019).
3. Anxiety and Depression Association of America, “Facts and Statistics,” https://adaa.org/about-adaa/press-room/facts-statistics.
4. “What’s on Your Plate?” was created by Monica Marie Jones and modified by Nedra Tawwab.
5. M. Schaub, “Mental Health Books Outsell Diet and Exercise Books at Barnes & Noble,”

Los Angeles Times, January 11, 2019, https://www.latimes.com/books/la-et-jc-mental-heath-book-sales-20190111-story.html.

6. Kate McCombs, “My Favorite Question Anyone Asks Me When I’m Having a Rough Day,” blog post, December 3, 2014, http://www.katemccombs.com/favoritequestion/.

7. Celeste Headlee, We Need to Talk (New York: Harper Wave, 2017).

8. James Clear, Atomic Habits (New York: Avery, 2018).

9. Claudia Black, Repeat After Me (Las Vegas: Central Recovery Press, 2018).

10. Bill Fye, “Key Figures Behind America’s Consumer Debt,” Debt.org, https://www.debt.org/faqs/americans-in-debt/.

11. Charles Schwab, Modern Wealth Survey, May 2019, https://content.schwab.com/web/retail/public/about-schwab/Charles-Schwab-2019-Modern-Wealth-Survey-findings-0519-9JBP.pdf.

12. Perspectives Counseling. https://perspectivesoftroy.com/men-cheat-women/.

13. Stacie Cockrell, Cathy O’Neill, and Julia Stone, Babyproofing Your Marriage: How to Laugh More and Argue Less as Your Family Grows (New York: William Morrow Paperbacks, 2008).

14. Matthew D. Johnson, "Have Children? Here's How Kids Ruin Your Romantic Relationship," The Conversation, May 6, 2016, https://theconversation.com/have-children-heres-how-kids-ruin-your-romantic-relationship-57944.

15. Marla Paul, The Friendship Crisis: Finding, Making, and Keeping Friends When You're Not a Kid Anymore (New York: Rodale Books, 2005).

16. The Value in the Valley: A Black Woman's Guide Through Life's Dilemmas (New York: Fireside, 1995).

17. Jodi Kantor and Megan Twohey, "Harvey Weinstein Paid Off Sexual Harassment Accusers for Decades," New York Times, October 5, 2017, https://www.nytimes.com/2017/10/05/us/harvey-weinstein-harassment-allegations.html.

18. Jackie Coleman and John Coleman, "The Upside of Downtime," Harvard Business Review, December 6, 2012, https://hbr.org/2012/12/the-upside-of-downtime.

19. U.S. Travel Association, https://www.ustravel.org.

20. Sophia June, "Instagram Therapists Are the New Instagram Poets," New York Times, June 19, 2019, https://www.nytimes.com/2019/06/26/style/instagram-hterapists.html.

21. "How Much Time Do We Really Spend on Our Smartphones?," Straight Talk, September

15, 2018, https://blog.straighttalk.com/average-time-spent-on-phones/

22. H. Tsukayama, "Teens Spend Nearly Nine Hours Every Day Consuming Media," Washington Post, November 5, 2015, https://www.washingtonpost.com/news/the-switch/wp/2015/11/03/teens-spend-nearly-nine-hours-every-day-consuming-media/.

23. Nir Eyal, Indistractable: How to Control Your Attention and Choose Your Life (Dallas: Ben Bella Books, 2019).

24. Don Miguel Ruiz, The Four Agreements: A Practical Guide to Personal Freedom (San Rafael, CA: Amber-Allen Publishing, 1997).

國家圖書館出版品預行編目資料

設限，才有好關係：不築牆也不揮霍善良，斷絕累到厭世的偽關係 / 內達拉．格洛弗．塔瓦布（Nedra Glover Tawwab）著；陳佳伶譯. -- 臺北市：三采文化股份有限公司, 2022.01
面；　公分. -- (Mind map ; 233)
譯自：Set Boundaries, Find Peace: A Guide to Reclaiming Yourself
ISBN 978-957-658-712-2(平裝)

1. 自我實現 2. 生活指導 3. 人際關係 4. 心理治療

177.2　　　　　110019192

suncolor 三采文化集團

MIND MAP 233

設限，才有好關係：

不築牆也不揮霍善良，斷絕累到厭世的偽關係

作者｜內達拉．格洛弗．塔瓦布（Nedra Glover Tawwab）　翻譯｜陳佳伶
主編｜喬郁珊　責任編輯｜吳佳錡　協力編輯｜巫芷紜
美術主編｜藍秀婷　封面設計｜池婉珊　內頁排版｜吱吱
校對｜黃薇霓　版權負責｜杜曉涵

發行人｜張輝明　總編輯｜曾雅青　發行所｜三采文化股份有限公司
地址｜台北市內湖區瑞光路 513 巷 33 號 8 樓
傳訊｜TEL:8797-1234　FAX:8797-1688　網址｜www.suncolor.com.tw
郵政劃撥｜帳號：14319060　戶名：三采文化股份有限公司
本版發行｜2022 年 1 月 21 日　定價｜NT$400